Maria Luisa de Mattos Priolli

Doutor em Música e Catedrático de Harmonia Superior e
Teoria Musical pela Universidade Federal do Rio de Janeiro -
Associate Teacher do Trinity College of Music of London

HARMONIA

DA CONCEPÇÃO BÁSICA A EXPRESSÃO CONTEMPORÂNEA

DE ACORDO COM O PROGRAMA DE HARMONIA DA ESCOLA
DE MÚSICA DA UNIVERSIDADE FEDERAL DO RIO DE JANEIRO

2º VOLUME

2008

CASA OLIVEIRA DE MÚSICAS LTDA.
RUA DA CARIOCA, 70 - TEL.: 2508-8539 - RIO DE JANEIRO - RJ

*Deixamos registrada nesta obra toda a nossa experiência de 40 anos dedicados ao ensino desta fascinante matéria — **Harmonia**.*

Procuramos usar a maior clareza e simplicidade possíveis no modo de expor os assuntos, bem como, metodizar o seu encaminhamento para facilitar o aprendizado.

Aí se encontram os conhecimentos fundamentais, para uma correta e bem feita harmonização, desembaraçados do rigor excessivo que atrofia a idéia da criação harmônica.

***Renovar sempre**, é o nosso lema. Todavia, sem exageros e inconveniências que façam soar falsa a idéia do **bem fazer** e, sem deturpar o que realmente significa a atualização dos princípios da **Harmonia** moderna, que refletem uma concepção harmônica moldada no espírito da época em que vivemos.*

A AUTORA
JUNHO DE 1983
RIO

Copyright 1976 by Casa Oliveira de Música S/A - Rio de Janeiro - BRASIL
MARIA LUÍSA DE MATTOS PRIOLLI

UNIDADE I

Notas melódicas – (Notas de passagem – Bordadura – Apogiatura – Antecipação Escapada).

Notas melódicas – são as notas que. em qualquer realização harmônica, não fazem parte, ou seja, não pertencem aos acordes que as acompanham. Logo, tais notas são estranhas aos acordes com os quais se acham entrosadas.

As notas que integram os acordes que entram na realização harmônica chamam-se **notas reais** ou **notas essenciais**.

As notas melódicas, como são estruturadas para a função exclusiva de adornar a **melodia**, denominam-se também, **notas ornamentais** ou simplesmente, **ornamentos**.

Há vários tipos de **notas melódicas**:
1) **notas de passagem**
2) **bordadura**
3) **apogiatura**
4) **antecipação**
5) **escapada**

Cada qual tem suas peculiaridades que lhes sugerem o nome, identificando-as entre si, e orientando o seu emprego.

Façamos, pois, o estudo individual de cada tipo de **nota melódica**.

1) NOTAS DE PASSAGEM

Fazem bom efeito em qualquer voz, seja nas extremas, seja nas intermediárias.

Devem ser:

a) precedidas e seguidas de graus conjuntos consecutivos, formando fragmentos de escala (ascendente ou descendente);

b)) empregadas em tempo fraco ou parte fraca de tempo;

c) preferivelmente, de valor igual ou menor que a **nota real**.

Com menos freqüência se emprega a **nota de passagem** com valor maior que a **nota real**;

d) evitadas as 5as e 8as consecutivas formadas em conseqüência das **notas de passagem**.

A **nota de passagem** tanto pode ser empregada na mudança de posição de um acorde, como no encadeamento de um acorde para outro.

A **nota de passagem** pode ser:
a) **diatônica** – também chamada **natural** (como as dos exemplos anteriores);
b) **cromática** – também chamada **alterada**. Deve ser **precedida** ou **seguida** da mesma nota sem alteração, obedecendo a forma da escala cromática tonal.

No modo menor seguem-se as mesmas normas indicadas. Observa-se, entretanto, que se deve usar forma **melódica** (ascendente e descendente) quando se usa o **6° grau** ou o **7° grau** como **nota de passagem**.

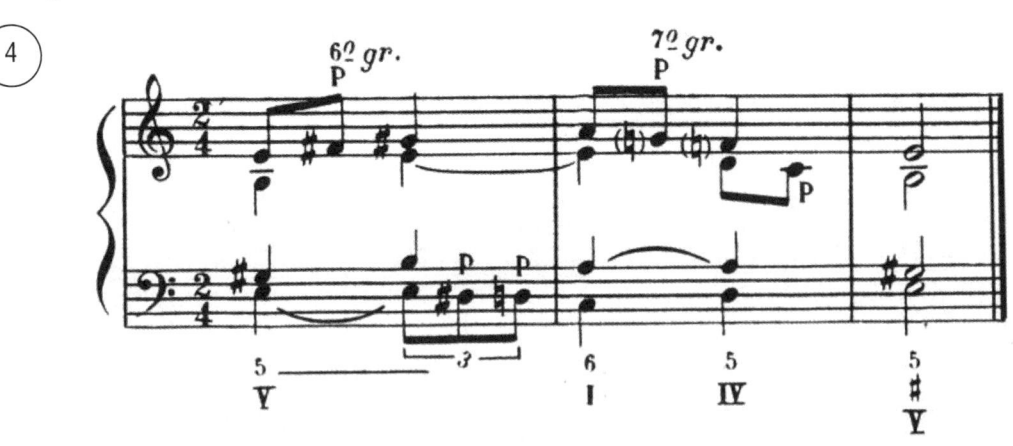

Usa-se também alterar o 6° grau (mesmo em movimento descendente) quando, na mudança de posição do V grau, o 6° grau figura como **nota de passagem**.

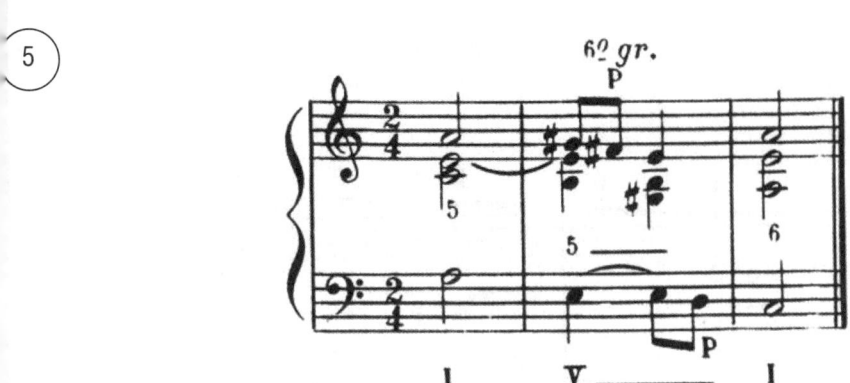

A **nota de passagem cromática** ♮ quando empregada displicentemente, ou seja, sem que sejam observadas as condições previstas, corre o risco de provocar modulação inoportuna.

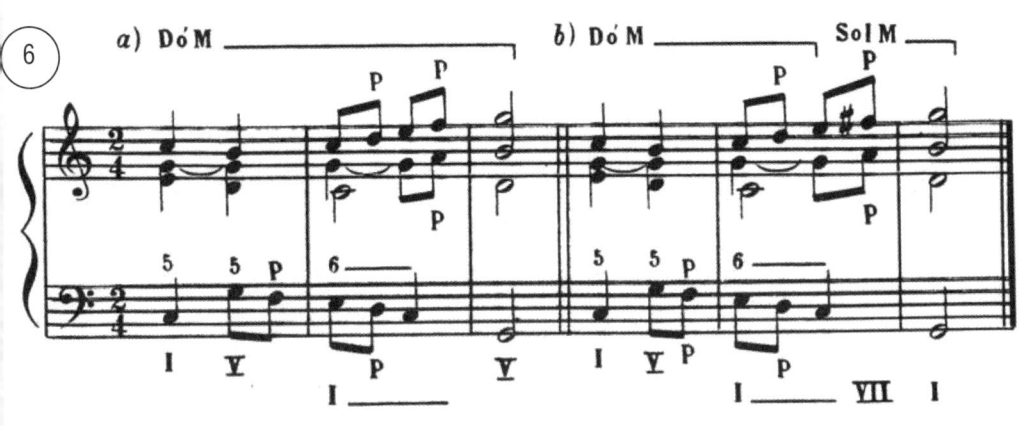

Observe-se que o trecho do exemplo a) está inteiramente em Dó Maior, sem a menor dúvida. Já no exemplo b), a **nota de passagem** FÁ# provoca modulação para Sol Maior, adulterando o sentido tonal do trecho que, em a), é, inquestionavelmente, unitônico.

Todas as **notas de passagem** que temos usado são **simples**, isto é, empregadas numa só voz.

É possível empregar-se **notas de passagem**, simultaneamente, em duas ou mais vozes. São chamadas **notas de passagem duplas**.

Quando empregadas por movimento direto devem guardar, entre si, intervalo de 3ª ou de 6ª.

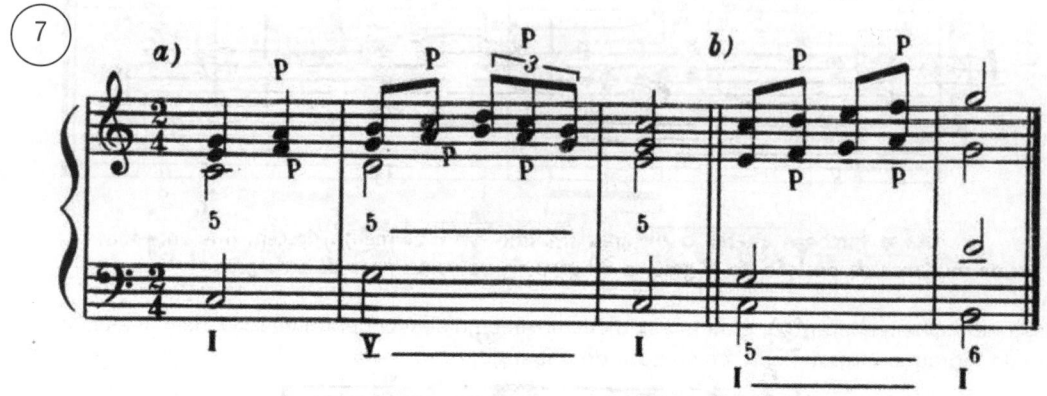

Desde que guardem intervalo de 3ª ou 6ª quando empregadas por movimento direto, as **notas de passagem duplas**, não estão obrigadas ao rigor da escala cromática tonal.

Se caminharem por **movimento contrário**, podem guardar qualquer intervalo entre si.

(∗) Dando maior liberdade às notas melódicas na harmonia moderna, aceita-se a **nota de passagem dupla** (ou mesmo **tripla**) por movimento direto, sem guardar entre si intervalo de 3ª ou 6ª, quando têm as notas melódicas curta duração. É evidente que tais liberdades são consentidas quando nelas impera o bom efeito harmônico.

***Nota de passagem tripla** atingida por movimento direto, guardando entre o baixo e o soprano intervalo de 7ª, e entre o baixo e o contralto intervalo de 8ª e 5. Somente entre o contralto e o soprano há intervalo de 3ª. As 5ªˢ consecutivas entre o baixo e o contralto são permitidas por ser diminuta a primeira 5ª, e ainda, o fato de terem ambas um valor muito breve (2 semicolcheias), proporcionando bom efeito harmonico.

Insistimos em dizer que não convém abusar de tais licenças, e que a estética não deve ser prejudicada, unicamente pelo prazer de fazer algo diferente, isto é, para exibir o rompimento de conceitos consagrados pelo tempo.

Vejamos como introduzir notas de passagem, em um trecho cuja harmonização só contém **notas reais**.

a) o trecho só contém **notas reais**;
b) foram introduzidas **notas de passagem simples** (diatônicas e cromáticas);
c) foram intoduzidas **notas de passagem simples e duplas** (diatônicas e cromáticas);

EXERCÍCIOS

1. Introduzir **notas de passagem**, seguindo as progressões:
a) usando somente **notas de passagem simples**;
b) usando **notas de passagem simples e duplas**.

2. Introduzir **notas de passagem**, observando as formas a) e b), usadas no exercício nº 1.

Baixos dados para emprego de **notas de passagem**.

HARMONIA - DA CONCEPÇÃO BÁSICA À EXPRESSÃO CONTEMPORÂNEA

Cantos dados – para emprego das **notas de passagem**.

Cantos e Baixos Dados Simultâneos

6. Colocar o **Canto Dado nº 4** sobre o **Baixo Dado nº 2** e completar a harmonização, acrescentando as duas partes intermediárias.

7. Colocar o **Canto Dado nº 5** sobre o **Baixo Dado nº 3** e completar a harmonização, acrescentando as duas partes intermediárias.

2) BORDADURA

A **bordadura** é constituída por grupo de 3 notas: a nota real, a nota que faz grau conjunto acima ou abaixo da nota real, e a volta à nota real. Como vimos, a nota **estranha ao acorde** é a **segunda nota** do grupo, e é ela que caracteriza a **bordadura**.

A **bordadura** pode ser **superior** ou **inferior**, dependendo da **segunda nota** do grupo; isto é, encontrando-se esta nota **acima** ou **abaixo da nota real**.

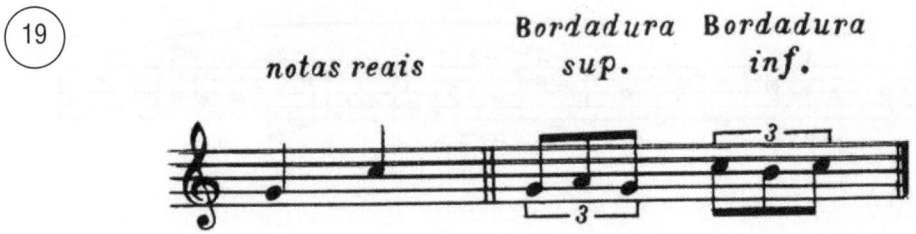

No seu emprego se observa que:
1) a nota estranha ao acorde (a 2ª nota do grupo) deve ocupar tempo fraco (a) ou parte fraca do tempo (b).

2) algumas vezes esta nota (a **segunda da bordadura**) ocupa a parte forte do tempo, todavia, seu efeito é de apogiatura.

3) a **bordadura superior** é praticada por **tom** ou **semitom**, de acordo com a escala diatônica do tom que está sendo usado. Observa-se que no modo maior, as **bordaduras superiores** da tônica (1º grau) e **da dominante** (5º grau) podem ser também praticadas por **semitom**, sem que a alteração provoque modulação.

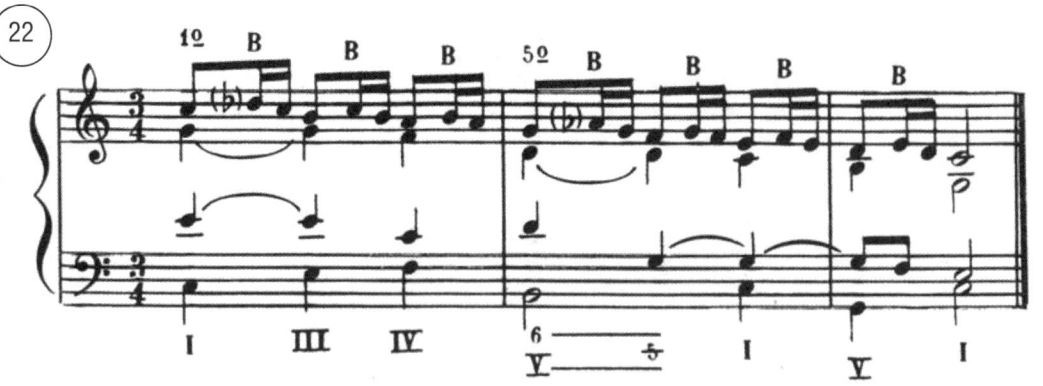

4) a **bordadura inferior** é de muito bom efeito quando empregada por **semitom**. Entretanto, pode ser praticada também por **tom**, de acordo com a escala diatônica.

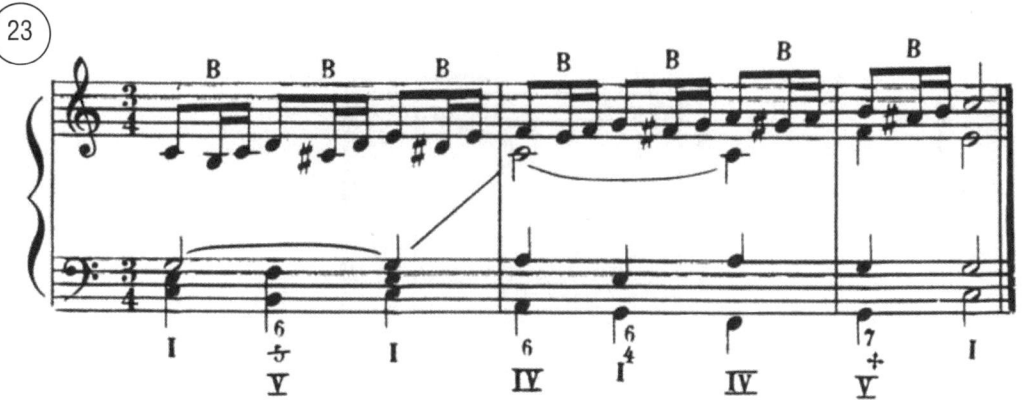

5) a **bordadura inferior** da sensível (7º grau) é mais usada por intervalo de tom.

6) no **modo menor**, a **bordadura superior** da **superdominante** (6º grau) é praticada por intervalo de **tom**, por ser mais natural que o intervalo de 2ª aumentada. Assim, a **segunda nota da bordadura** deixa de ser a sensível, e passa a ser subtônica.

7) ainda no **modo menor**, a **bordadura inferior** da **sensível** (7º grau) é também praticada por intervalo de **tom**, para que seja evitado o intervalo de 2ª aumentada.

8) qualquer **bordadura** que tenha a **segunda** nota **alterada**, transformando em **tom** o intervalo que de acordo com a escala diatônica, deva ser por **semitom**, provoca modulação.

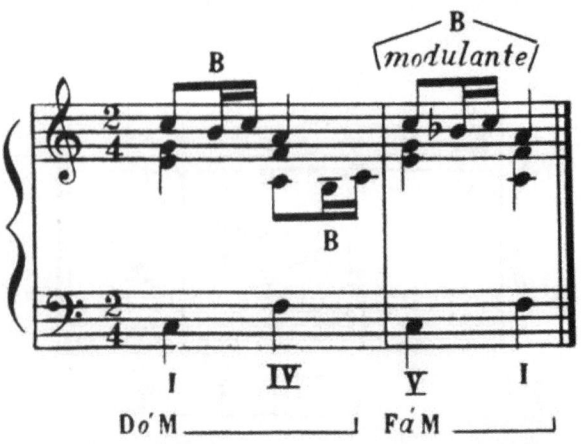

9) se a **bordadura** for praticada em **acorde** comum a dois tons, a **segunda nota** deve pertencer ao ₁m para o qual se efetua a modulação.

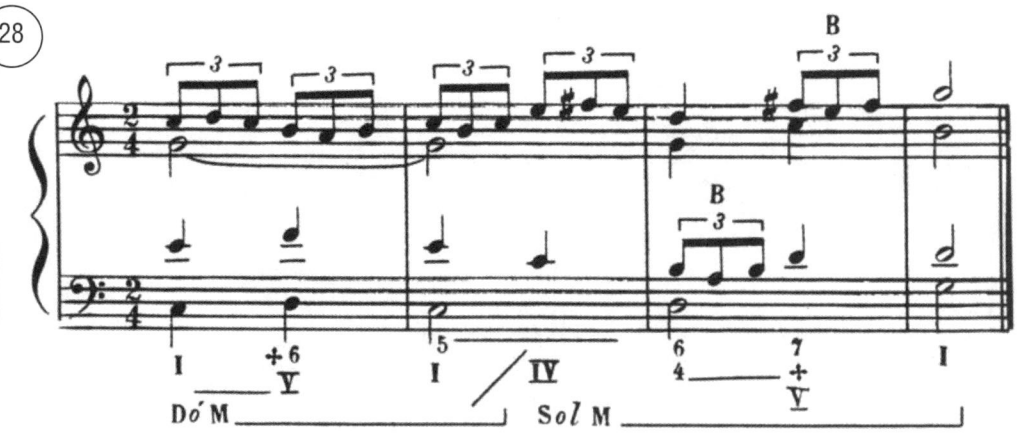

10) é permitido mudar o acorde na terceira nota da **bordadura**, principalmente, se este oramento for praticado em valores relativamente longos (com o valor de 1 tempo ou mais).

11) não se faz bordadura em **uníssono**.

Bordaduras duplas.

São **bordaduras simultâneas**, e devem ser praticadas como as **notas de passagem**, isto é, quando caminharem por movimento direto, devem guardar intervalo de 3ª ou de 6ª.

Quando caminharem por movimento contrário, podem guardar entre si qualquer intervalo.

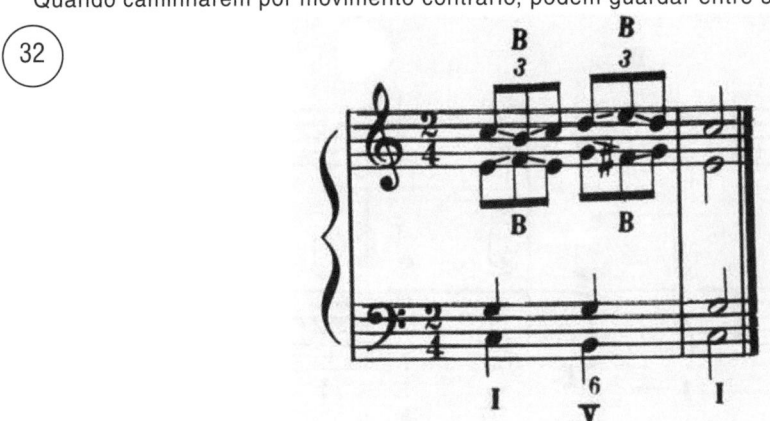

Também se pode fazer **bordaduras triplas**, desde que sejam observadas as condições que propiciam o bom efeito deste ornamento.

HARMONIA - Da Concepção Básica À Expressão Contemporânea

Bordadura sucessiva

Bordadura sucessiva é aquela que faz ouvir, uma a seguir da outra, a **nota superior** e a **nota inferior** à nota real, antes de sua resolução.

As **bordaduras sucessivas** também podem ser **duplas**, desde que sigam as condições previstas para quaisquer **bordaduras duplas**.

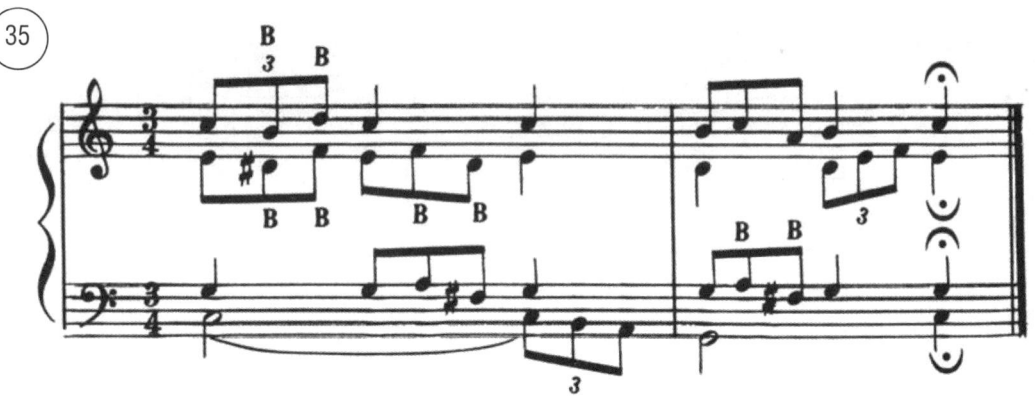

Vejamos como introduzir bordaduras em um trecho que só contém **notas reais**.

a) foram introduzidas **bordaduras simples**.

b) foram introduzidas **bordaduras duplas**

HARMONIA - Da Concepção Básica À Expressão Contemporânea

EXERCÍCIOS

1. e 2. — introduzir **bordaduras** seguindo as progressões, no **Coral nº 11** e no **Coral nº 12** da página ....

a) usando somente **bordaduras simples**.
b) usando **bordaduras simples e duplas**.

3. **Cantos Dados** para emprego de **bordaduras**.

4. **Baixos Dados** para emprego de **bordaduras**.

44) 13)

5. Canto e Baixo dados simultâneos.

14) Colocar o **Canto Dado nº 11** sobre o **Baixo Dado nº 12** e completar a harmonização, acrescentando as partes intermediárias.

3) APOGIATURA

A **apogiatura** é uma nota melódica que toma, momentaneamente, o lugar da nota real, isto é, a **pogiatura** se encaixa no acorde substituindo a nota real que, quase sempre, aparece logo a seguir.

Para fazer **apogiatura** toma-se a nota que fica **imediatamente acima** ou **abaixo** da **nota real**. Assim, ela é considerada **apogiatura superior** ou **apogiatura inferior**, quando corresponde, respectivamente, ao intervalo de 2ª acima ou 2ª abaixo da nota real.

45)

A apogiatura superior pode ser praticada, indiferentemente, por intervalo de tom (2ª Maior) ou intervalo de semitom diatônico (2ª menor).

Quanto à **apogiatura inferior**, deve ser praticada por intervalo de semitom diatônico (2ª menor)—a). Todavia, a **apogiatura inferior** da **sensível** faz melhor efeito (soa mais natural) quando empregada por **intervalo de Tom** —b), entretanto, isto não impede que também possa ser praticada por intervalo de semitom diatônico —c).

No modo menor, também por soar com mais naturalidade e, logicamente, pelo bom efeito que produz, usa-se empregar **a subtônica** (em **vez** da **sensível**) como **apogiatura superior** da nota que corresponde ao **6º grau** (**superdominante** da escala)—a). E ainda, pelo mesmo motivo, emprega-se para **apogiatura inferior** da sensível (que, no modo menor, é nota alterada), a nota que corresponde ao **6º grau com alteração ascendente** (**superdominante alterada**)—b).

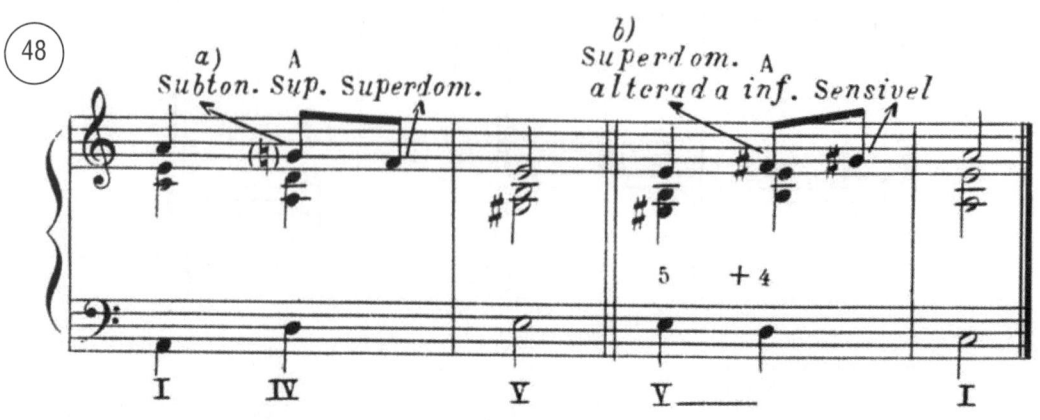

Como se pode observar nos exemplos a) e b), o bom efeito produzido por tais alterações consiste em que elas fazem aparecer fragmentos da escala menor na forma melódica — no primeiro caso (a), a forma melódica descendente; e no 2º caso (b), na forma melódica ascendente.

Há dois tipos de **apogiatura** (seja superior ou inferior):
1) **longa** (também denominada **expressiva**)
2) **breve** (também denominada **branda**)

1) A **apogiatura longa** (ou **expressiva**) ocupa sempre o **tempo forte** ou a **parte forte do tempo** onde se encontra, devendo ser levemente acentuada. Pode ter valor igual, maior ou menor que a nota real.
Como podemos verificar, todos os exemplos de **apogiaturas** até agora registrados são de **apogiaturas expressivas**, com o **valor igual** ao da nota real.
Seguem exemplos de **apogiaturas expressivas** de **valor maior** e **menor** que o valor da nota real:

2) A **apogiatura breve** (ou **branda**) é empregada em **tempo fraco** ou **parte fraca** de tempo, e não deve ser acentuada.

Como podemos ver, a **apogiatura breve** (ou **branda**) e a nota real nunca dividem entre si o valor de um mesmo tempo, como pode acontecer com a apogiatura expressiva – veja a letra c) do exemplo as letras a) e b) do exemplo **48**; o 2º compasso do exemplo **51** – observem que todas as apogiaturas expressivas (ou longas) dos exemplos citados se encontram juntamente com a **nota real**, dividindo entre ambas (**apogiatura e nota real**) o valor de um tempo.

Apogiaturas sucessivas.

Se praticarmos numa nota a **apogiatura superior**, seguida imediatamente da **apogiatura inferior** (ou inverso, primeiramente a **apogiatura inferior** e, imediatamente após a **apogiatura superior**) teremos um grupo de duas apogiaturas às quais se dá o nome de **apogiaturas sucessivas**.

O valor dessas **apogiaturas** é, quase sempre pequeno, isto é, de curta duração, e constitue ornamento muito gracioso.

Analisando o exemplo anterior verificamos que:
a) os dois grupos de **apogiaturas sucessivas** são formados por uma **apogiatura expressiva** (na quarta parte do tempo — que é **parte forte**, seguida por uma **apogiatura branda**, na 2ª quarta rte do tempo — que é **parte fraca**) ficando a nota real na 2ª metade do tempo (**parte fraca**).
b) Nos quatro grupos de apogiaturas sucessivas as duas apogiaturas são brandas (ocupam a 2ª metade do npo — parte fraca), ficando a nota real com a 1ª metade — parte forte, do tempo seguinte).
c) As duas notas que formam as **apogiaturas sucessivas** não fazem parte do mesmo tempo. Rerem que a primeira nota é a 2ª parte do 1º tempo (parte fraca), enquanto a segunda nota é a 1ª rte do 2º tempo (parte forte). A nota real ficou com a 2ª parte do 2º tempo (**parte fraca**).
A distribuição de valores e sua colocação em **partes fortes e fracas** entre as notas que formam as ogiaturas sucessivas e a nota real é, como vimos, muito variada.
NOTA = Se apenas uma nota de acorde for ornamentada com **apogiatura**, seja ela, **expressiva, anda ou sucessiva**, esta **apogiatura** é considerada uma **apogiatura simples**.
Estão neste caso todas as apogiaturas que estudamos até agora.

Apogiatura dupla
Chama-se **apogiatura dupla** o emprego de duas **apogiaturas simultâneas**. Se caminharem por ovimento direto, devem guardar entre si intervalo de 3ª ou 6ª.

Pode-se usar **apogiaturas duplas** em todos os tipos de **apogiaturas (expressiva, branda e sucesva)**.

(apog. longa dupla)

⑤⑥

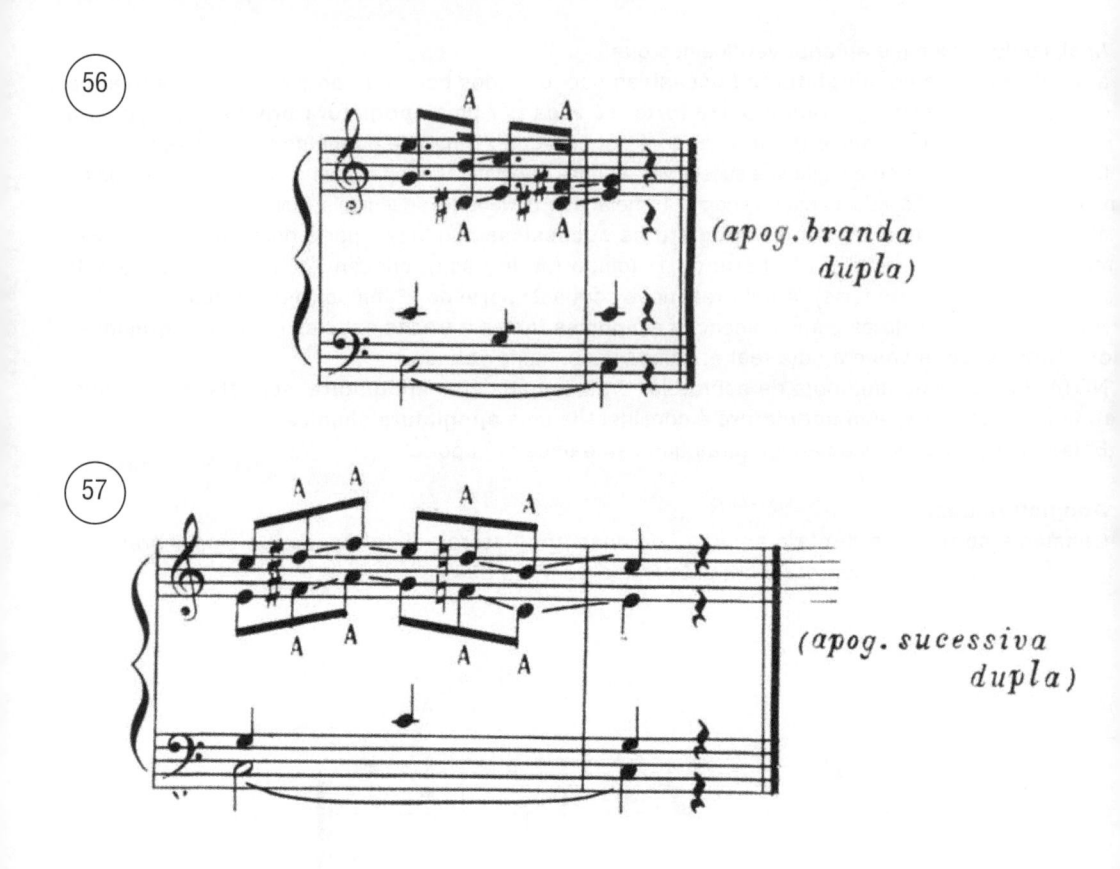

(apog. branda dupla)

⑤⑦

(apog. sucessiva dupla)

Quando a **dupla apogiatura** é resultante de uma **apogiatura superior** e outra **inferior** pode també guardar entre as duas apogiaturas qualquer intervalo, ou seja, cessa a obrigatoriedade dos intervalos (3ª e 6ª. Observe que, no exemplo abaixo, as duas **apogiaturas** guardam entre si intervalo de 4ª a mentada (fá – si).

⑤⑧

Observações sobre o emprego das apogiaturas:
1 – Não faz bom efeito ouvir **simultaneamente** a **apogiatura** e a **8ª da nota real**. Quando isto se d a **apogiatura** se encontra abaixo da **8ª nota real**. Assim, em conseqüência do mau efeito que se fa sentir, deve ser evitada esta simultaneidade de sons.

Porém, se a **apogiatura** for da **8ª da nota real**, esta apogiatura ficará em voz mais aguda, go tomará posição **acima** da nota real, e seu efeito é magnífico.

Comparando estes dois exemplos, verificamos que o primeiro tem, no **baixo**, a **nota si** (**apogiatura a nota real dó**) e que se encontra **abaixo da 8ª da nota real** (**nota dó**, no soprano), cujo efeito harônico é duro e áspero.

Já no segundo exemplo, a **nota real dó** (no contralto) está **abaixo** da **apogiatura** (**nota si**, no soano). A apogiatura aí **não é** da nota real, e sim, da **8ª da nota real**.

Esclarecendo, para se praticar **simultaneamente** (com bom resultado harmônico) a **nota real** e apogiatura, a **apogiatura**, deverá estar sempre em **voz mais aguda que a nota real**.

2 – Quanto ao emprego das **apogiaturas** nas várias vozes do Coral, seu uso é mais freqüente voz mais aguda (parte superior). E assim o fizemos até aqui. Todavia, as **apogiaturas** também prod zem bom efeito no baixo, ou nas partes intermediárias, principalmente, se a parte onde elas se e contrem for a mais movimentada.

3 – A 5ª direta, na qual uma das duas notas que a formam é **apogiatura**, pode ser praticada e qualquer parte (até nas partes extremas).

HARMONIA - DA CONCEPÇÃO BÁSICA À EXPRESSÃO CONTEMPORÂNEA 27

4 – Também são permitidas duas 5ªs consecutivas, se numa delas, ou em ambas as 5ªs, houver uma **apogiatura**.

5 – Devem ser evitadas as **5ªs e 8ªs consecutivas**, separadas apenas pela **apogiatura**, se estiverem nas **partes extremas**.

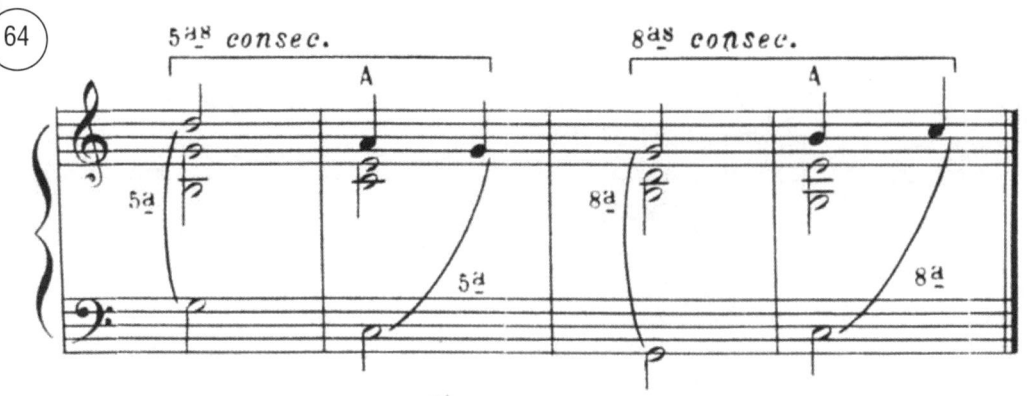

As 5ªs consecutivas nestas condições, quando praticadas em **partes intermediárias**, não causam mau efeito, estando portanto liberadas.

6 – Também se pode empregar a **apogiatura** e **suprimir** a **apogiatura** saltar para outra nota do acorde.

7 – No acorde do V grau usa-se fazer a apogiatura superior da 5ª do acorde, suprimindo a nota real (5ª do acorde), e o V grau fazendo resolução natural (a) ou excepcional (b) como se completo estivesse. Essa combinação harmônica dá à realização um sabor acentuadamente moderno e bastante charmoso.

Analisando os exemplos, verificamos:
 a) o acorde do V grau tem no soprano a **nota dó**, apogiatura superior da **nota si** (5ª do acorde de 7ª da dominante). Esta nota foi suprimida, pois não apareceu, e o V grau resolveu naturalmente sobre o I grau.
 b) É possível empregar uma apogiatura e, ao resolvê-la, mudar o grau do acorde em que recai a nota real. Neste caso, diz-se que a **apogiatura** teve **resolução excepcional**.

9 – A **apogiatura** pode ser precedida de qualquer outra nota melódica.

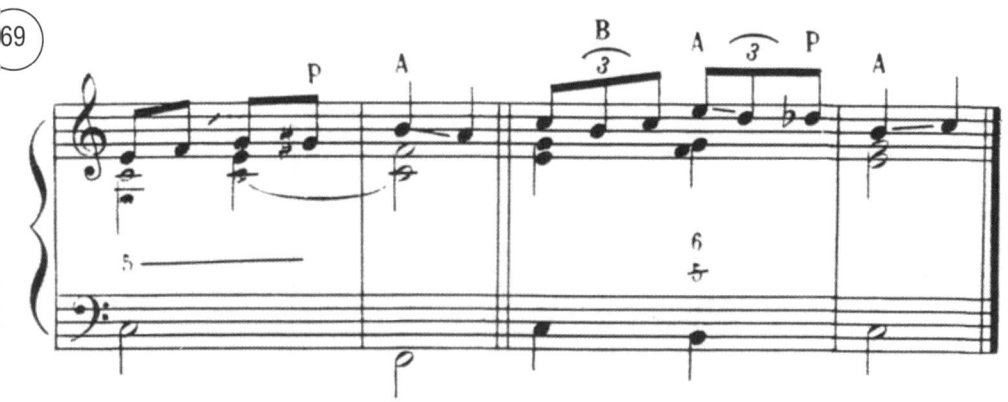

10 – A apogiatura pode resolver com **Variantes**. Isto significa que, antes de resolver, a **apogiatura** passa por notas de acorde, ou ainda, passa por outras notas melódicas.

11 – Se a nota, atrativa vier seguida de uma **apogiatura**, estará dispensada de sua resolução. O que permitirá, se necessário, o dobramento da nota atrativa no ato da resolução.

12 – Não se pratica a apogiatura em **uníssono**.

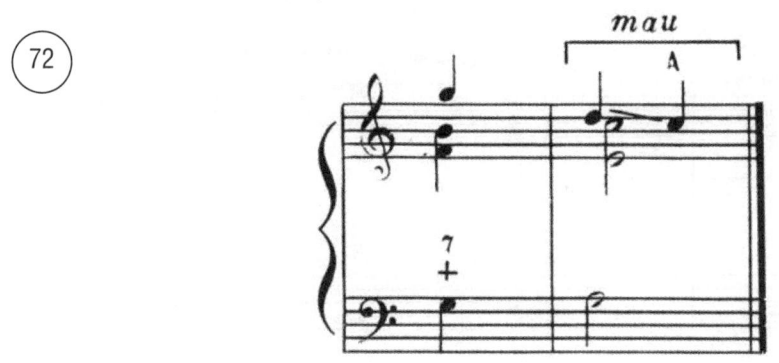

13 – A nota que precede a apogiatura pode com ela formar qualquer intervalo melódico, inclusive c saltos de 7ª e de 9ª, bem como quaisquer intervalos aumentados e diminutos (ascendentes ou descendentes).

14 – É permitida a **falsa relação** quando uma das duas notas, ou ambas as notas que a provocam sã notas melódicas. É freqüente a **falsa relação** provocada pela **apogiatura** (de qualquer espécie).

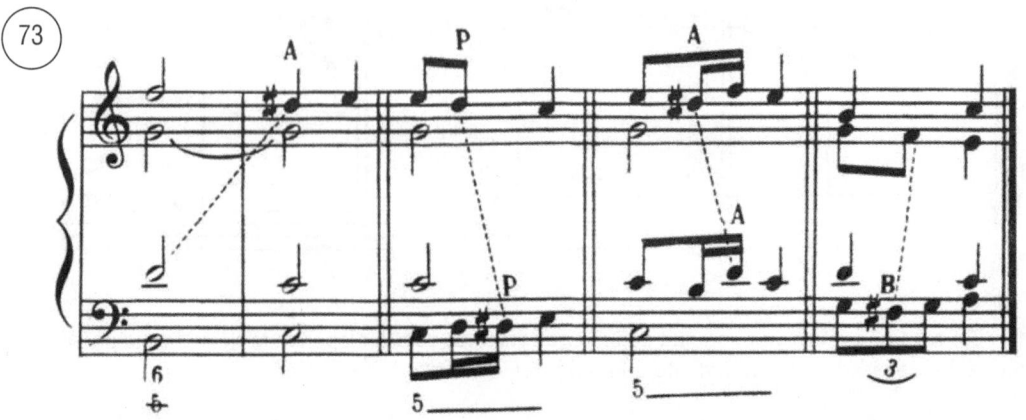

EXERCÍCIOS

1 – Introduzir as seguintes **apogiaturas** nos 3 acordes do **modelo da marcha** e continuar as **reproduções:**
   a) **apogiatura superior**, no soprano (no 2º e 3º acordes)
   b) **apogiatura superior**, no contralto (nos 3 acordes)
   c) **apogiatura inferior**, no soprano (nos 3 acordes)
   d) **dupla apogiatura superior**, no soprano e tenor (no 1º acorde) ; **apogiatura simples superior**, no soprano (no 2º acorde) ; **dupla apogiatura superior**, no soprano e no contralto (no 3º acorde).

2 – Introduzir **apogiaturas** e outras notas melódicas (**notas de passagem e bordaduras**), **criando um novo modelo**, de acordo com a sua capacidade inventiva, e continuar as **reproduções modulantes**.

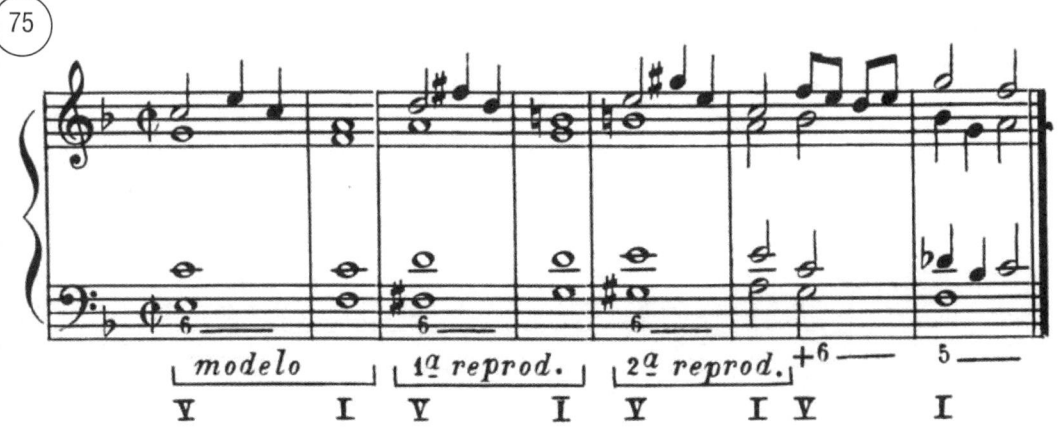

3 – Cantos dados, para livre emprego de **apogiaturas**, **notas de passagem** e **bordaduras**.

Antecipação

A **antecipação**, como sugere o seu nome, consiste em fazer ouvir a nota real no acorde anterior ao qual ela pertence.

Logo, como não faz parte do acorde em que se encontra, ela figura neste acorde como nota melódica

79

Como vimos, a nota real **dó** (soprano) apareceu **antecipadamente**, isto é, antes de ser ouvido o acorde (do—mi—sol—dó) ao qual ela está incorporada.

A **antecipação** tem, geralmente, valor breve, de pouca duração, e é praticada em parte fraca de tempo.

Quando a **antecipação** se dá exatamente na **mesma parte** em que está a nota real, a **antecipação** se chama direta.

80

Ela é **indireta** quando **antecipa** uma nota em parte diferente daquela em que se acha a nota real.

81

No encadeamento V–I a 8ª direta nas partes extremas, permitida sem o recomendado semitom na parte superior, também continua permitida se houver a **antecipação indireta** da 3ª do acorde do I grau. Aliás, a combinação harmônica produzida por esta **antecipação** é muito eufônica.

(82)

A antecipação indireta também é chamada — **escapada**.
As **antecipações diretas** ou **indiretas** podem ser usadas simultaneamente (duplas, triplas ou quadruplas).

(83)

Escapada.

Embora seja uso chamar a **antecipação indireta** de **escapada**, esta denominação é indevida, pois a verdadeira **escapada** não antecipa nota alguma, uma vez que, a autêntica **escapada** é estranha ao acorde imediato àquele em que ela se encontra.

(84)

HARMONIA - DA CONCEPÇÃO BÁSICA À EXPRESSÃO CONTEMPORÂNEA   35

Observem que as **escapadas** não pertencem a nenhum dos dois acordes entre os quais elas estão tercaladas.
Essas são as legítimas **escapadas**.
Também é permitida a 5ª direta (mesmo nas partes extremas) quando atingida por uma **escapada**.

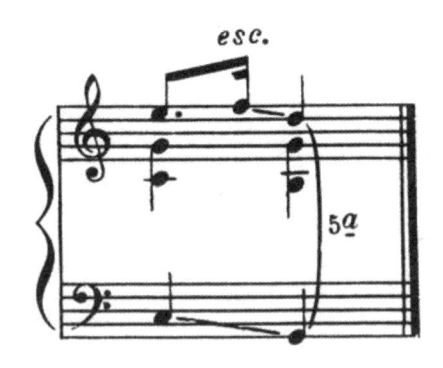

(85)

As **escapadas** também podem ser **sucessivas**.

(86)

E também podem ser **duplas**, guardando entre si intervalo de 3ª ou 6ª caso caminhem por movimento direto, tal como acontece com as demais notas melódicas

(87)

Nota:

A **nota de passagem** é nota melódica sobre a qual se pode praticar a **bordadura**, a **apogiatura**, **antecipação**, a **escapada** e a **apogiatura da escapada**.

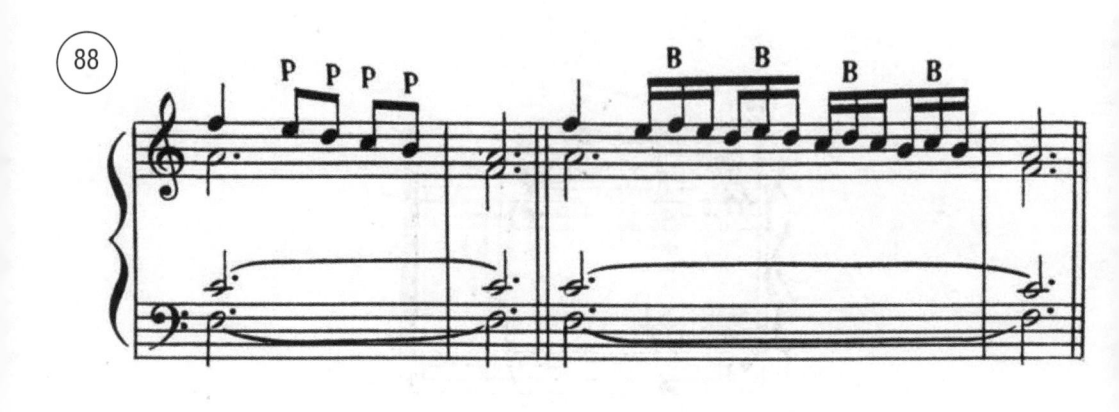

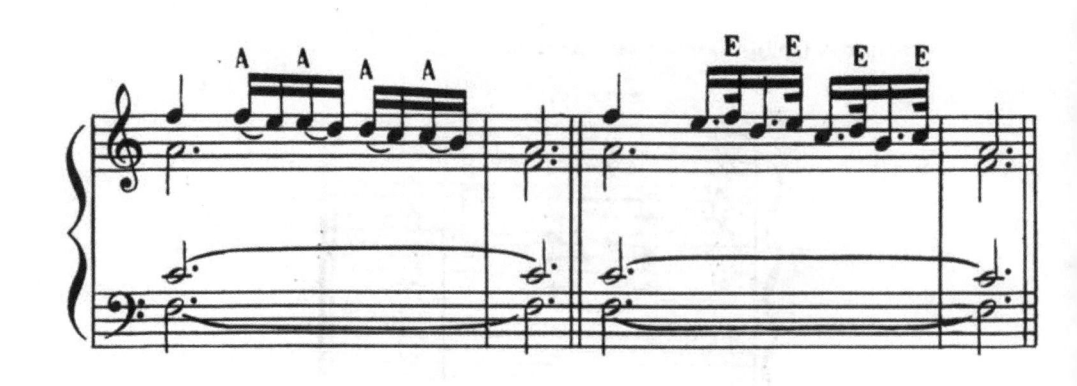

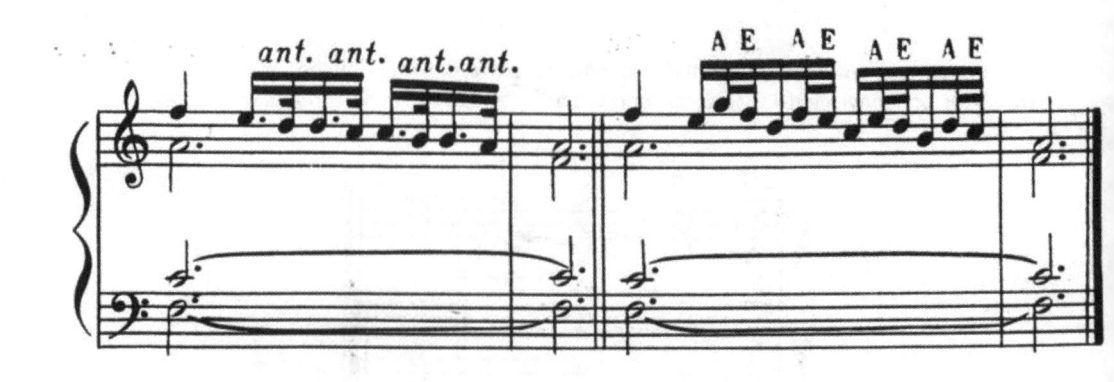

HARMONIA - Da Concepção Básica à Expressão Contemporânea

EXERCÍCIOS

Canto e baixo alternados para emprego de **antecipações** e **escapadas**.

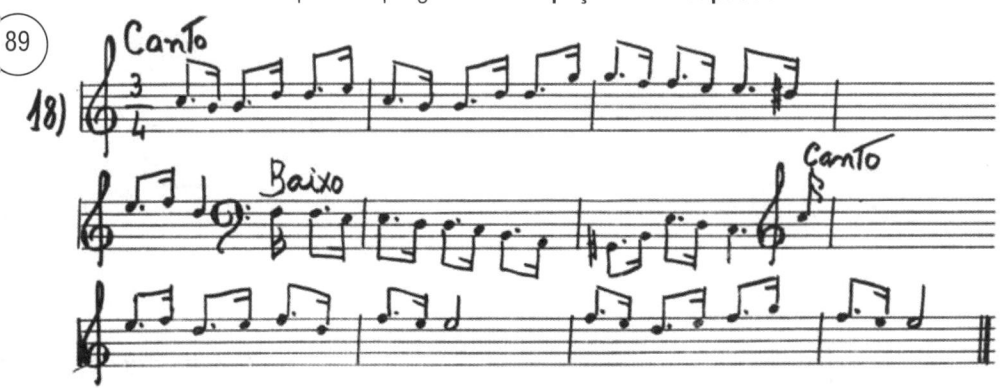

18)

Canto dado para emprego de **antecipações** e **escapadas**.

19)

Baixo dado para emprego de **notas melódicas**.

20)

Cantos dados para emprego de **notas melódicas**.

21)

93

22)

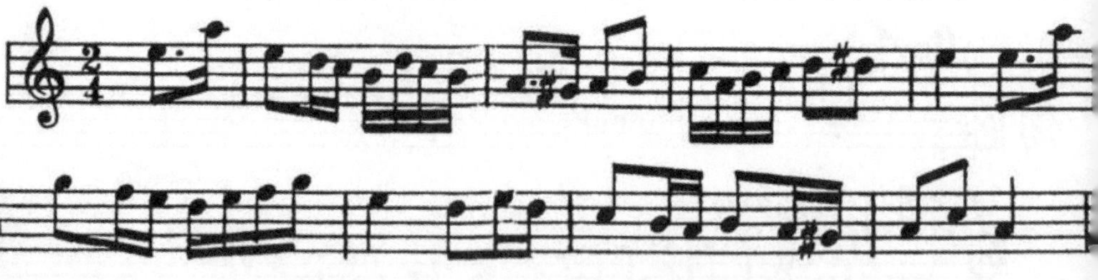

94

23)

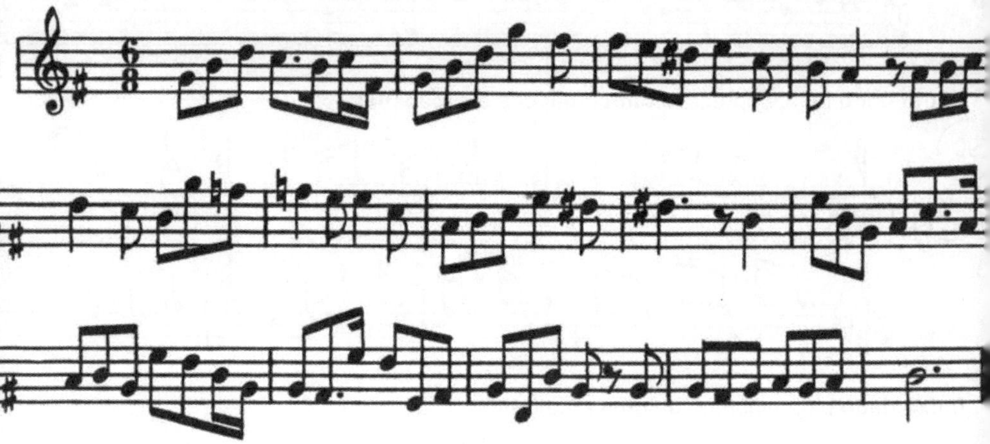

95

24)

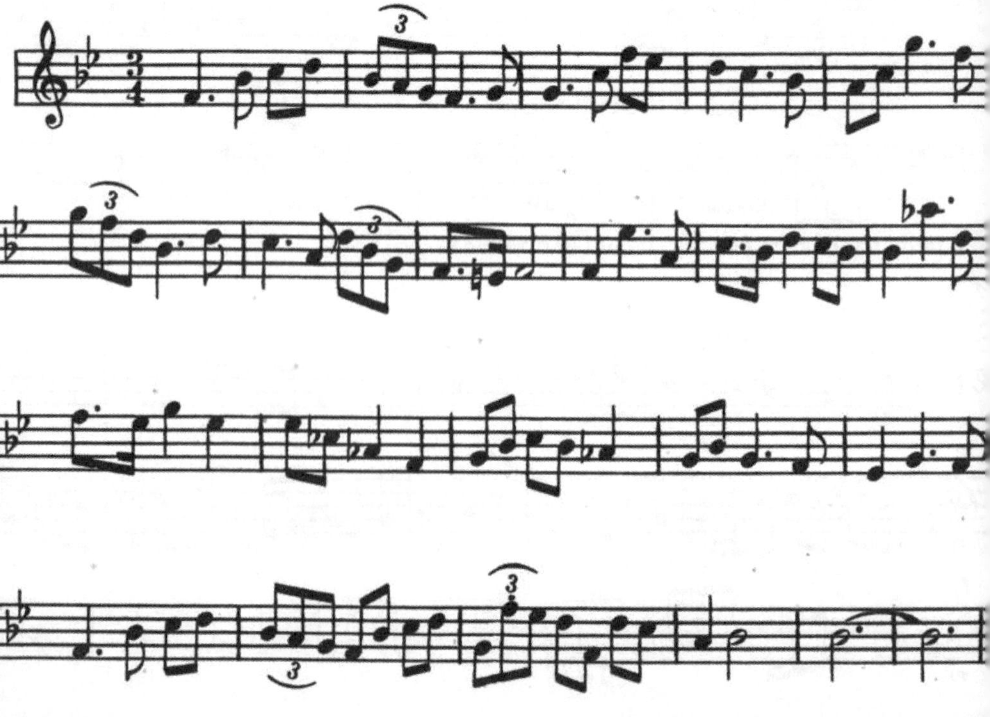

UNIDADE II
IMITAÇÃO

Harmonia contrapontada

A **imitação** consiste na reprodução de um desenho ritmo-melódico, porém em vozes diferentes. Cuido para não confundir **imitação** com **progressão**.

A diferença que há entre a **reprodução progressiva** e a **reprodução imitativa** é a seguinte:
Na primeira – **reprodução progressiva** – a reprodução se faz em forma de **marcha harmônica**, isto [é], o desenho-modelo é reproduzido simultaneamente, por **todas as vozes**, que devem **guardar sempre os mesmos intervalos melódicos**, tornando simétricas todas as reproduções.

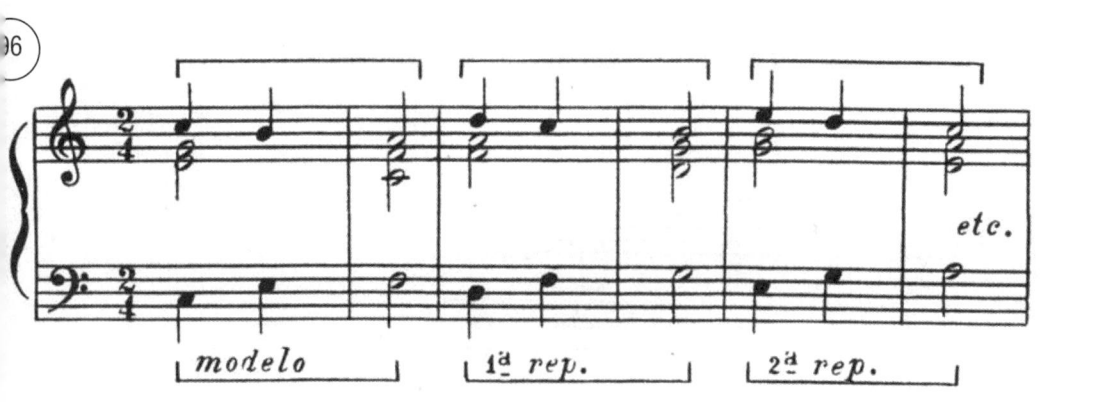

[exemplo musical 96: modelo | 1ª rep. | 2ª rep. | etc.]

Veja, no 1º volume desta obra, a unidade, "**Marcha ou progressão harmônica**"
Na segunda — **reprodução imitativa (imitação)** — o desenho-modelo é reproduzido em **uma voz** [ap]enas (em entradas sucessivas), e o encadeamento harmônico é muito mais livre.

[exemplo musical 97]

A parte que propõe o desenho a ser **imitado** denomina-se **antecedente**.
A parte que reproduz o **antecedente** é chamada — **conseqüente**.
A **imitação** é elemento de grande importância no contraponto. Tem origem no **contraponto florid** onde se empregam, com abundância, as **notas melódicas**.
A sua aplicação, seja na harmonia vocal ou instrumental, valoriza, sobremodo, a realização, dand lhe grande efeito estético. É esta a harmonia **contrapontada**.
A **imitação** é pois, elemento que traduz bom gosto artístico, elegância e propriedade de estilo, le brando os corais renascentistas. O estudo apurado e integral das **imitações** cabe ao **Contrapont** mas, seu emprego beneficia e embeleza de tal forma qualquer realização harmônica, que alguns d **processos imitativos** já se incorporaram definitivamente ao estudo da Harmonia.

Imitação regular.

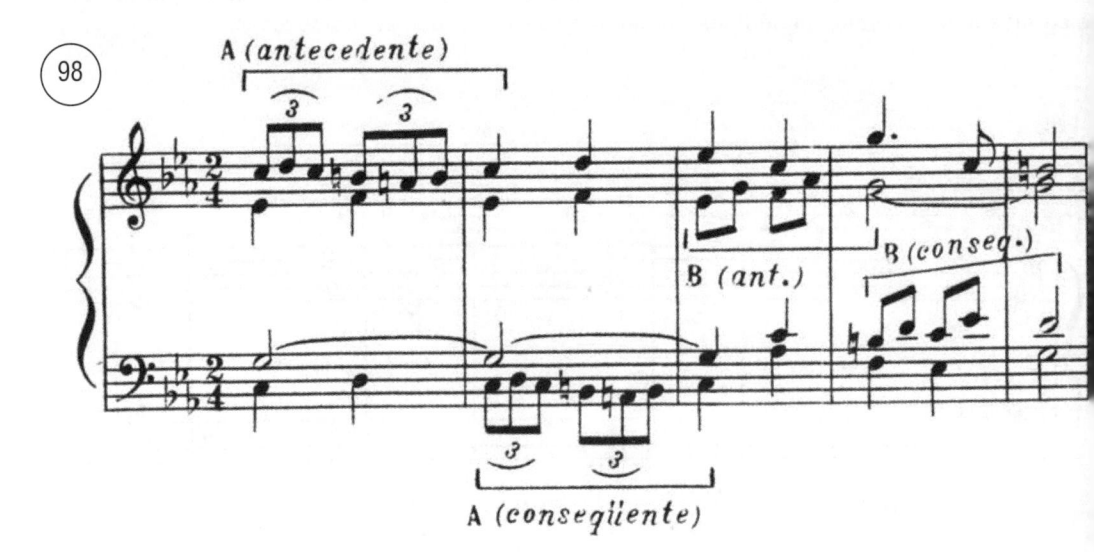

Reparem que o soprano expôs (no 1° compasso) um desenho (A), que foi **imitado** (no 2° compass pelo baixo (A). Assim, funcionou o soprano como **Antecedente**, e o baixo como **conseqüente**. Logc seguir, no 3° compasso, o contralto expôs um novo desenho (B), que foi **imitado** (no 4° compass pelo Tenor. Desta vez, foi a contralto o **antecedente e o Tenor, o conseqüente**.

Imitação por movimento contrário.

HARMONIA - DA CONCEPÇÃO BÁSICA À EXPRESSÃO CONTEMPORÂNEA 41

No exemplo anterior, podemos observar que o **antecedente** (no 1° compasso), contralto, faz dese-
o em movimento **ascendente**; o **conseqüente** (no baixo do 2° compasso) imita o desenho, porém,
r **movimento descendente**.
O mesmo acontecendo com o soprano (**movimento ascendente** no 3° compasso) que foi **imitado**
lo tenor (movimento descendente, no 4° compasso).

Imitação rítmica

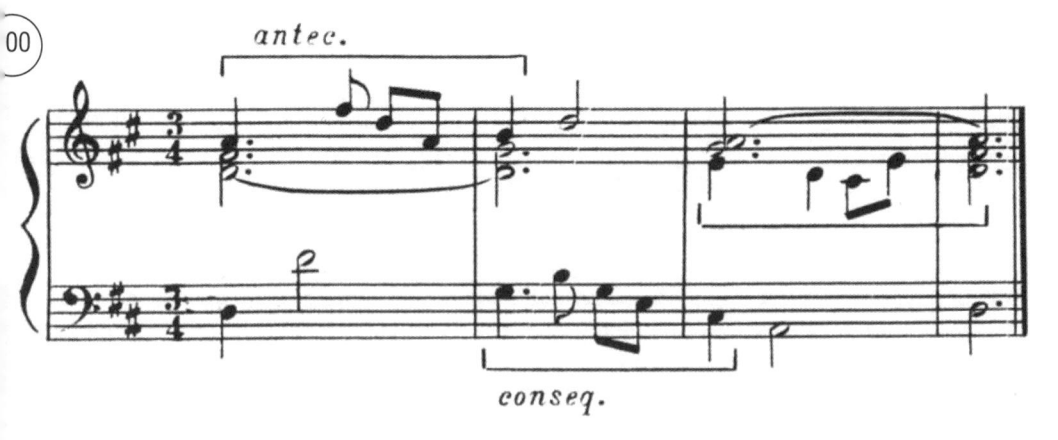

Neste exemplo, a **antecedente é lançado no soprano**. O baixo e, logo a seguir, o tenor **imitam** o
senho (**conseqüente**) somente no ritmo.

Imitação por diminuição

Reparem que o soprano apresentou um desenho (A) como **antecedente**, que tomou os três pri-
eiros compassos.
O **conseqüente** (contralto) veio aparecer, na íntegra, tomando, apenas, o 4° compasso e a metade
o primeiro tempo do 5° compasso. Esta é a **imitação por diminuição**.
desenho B (**antecedente**) no baixo do 3° compasso, teve como **conseqüente** o soprano, no 5° com-
asso, também em **imitação por diminuição**.

Imitação por aumentação

⒤ 102

Esta **imitação** é o inverso da anterior. O **antecedente**, no soprano, ocupou, apenas, o 1º compasso e o 1º tempo do 2º compasso. O **conseqüente**, no Tenor, ocupou, inteiramente, os 2º, 3º e 4º compassos.

Para um bom aproveitamento das **imitações**, aceitam-se, momentaneamente, certas posições mais largas ou mais estreitas entre as partes, desde que, ao terminar o trecho em que se processam as **imitações**, assumam as vozes, suas posições de equilíbrio no conjunto harmônico.

EXERCÍCIOS

1) **Baixos dados** para emprego de **imitações**.

⒤ 103

25)

⒤ 104

26)

HARMONIA - Da Concepção Básica à Expressão Contemporânea

2. Cantos dados para emprego de **imitações**.

⑩⑤

27)

⑩⑥

28)

3. Cantos e Baixos dados alternados para emprego de **imitações.**

⑩⑦

29)

⑩⑧

Baixo dado — *Canto dado* — *Baixo dado*

30)

Canto dado — *Baixo dado*

UNIDADE III

Soldadura — Ligação melódica — Pausa — Anacruse

Para manter o equilíbrio de uma boa harmonização é necessário atentar para certos pormenores que, por não constituirem parte integrante da matéria de um determinado assunto, nem por isso devem deixar de ser mencionados.

Entre tais pormenores figuram, como principais, os que aqui apresentamos:

Soldadura

É uma nota que se emprega em **qualquer voz**, repetida uma ou mais vezes, após um marcante ponto cadencial de todas as vozes do coral.

A finalidade desta nota isolada (já que as demais vozes do conjunto estão em silêncio) é juntar as seções do coral, estabelecendo apenas um traço de união entre ambas.

(109)

Ligação melódica

A **ligação melódica** tem a mesma função da **soldadura**, isto é, facultar a união de seções separadas por pausas, evitando a descontinuidade do coral. A diferença entre **Soldadura** e **Ligação melódica** consiste no fato de que, a **Ligação melódica** (como seu próprio nome sugere), é realmente um fragmento de melodia.

(110)

Pausa

A **pausa** não deve ser usada sem real motivo que a justifique.
Os menos experientes utilizam-na, muitas vezes, exclusivamente para eliminar erros.
A **pausa** significa silêncio e tem valor estético tão importante quanto o som. Daí, saber usá-la com certo é, realmente, uma arte.

Vejamos algumas maneiras de como bem manejá-la:
a) Para preencher o silêncio provocado pela **pausa**, usa-se, quando se faz necessário, a **soldadura** ou a **ligação melódica**, em qualquer voz.
b) Quando a melodia que vai ser harmonizada tem início acéfalo, isto é, quando o ritmo inicial foi substituído por **pausa**, as demais vozes devem formar o acorde que tomará a posição de ictus (ocupando o lugar da **pausa**). E na voz em que se encontra a **pausa**, a nota que aparecer imediatamente após esta **pausa**, deverá fazer parte do acorde inicial.

(11)

c) Quando, no início do coral, as vozes fazem suas **entradas sucessivas**, os tempos que precedem cada entrada devem ser preenchidos por **pausas**.

(12)

Anacruse

A **anacruse** pode ser harmonizada ou deixar de ser harmonizada, dependendo a escolha, única exclusivamente, do desejo e da imaginação do harmonizador.

É freqüente não harmonizar a **anacruse** quando esta é nota que faça parte do acorde em que rec o ictus inicial.

(113)

Quando a **anacruse** é formada por duas ou mais notas também pode dispensar harmonização.

(114)

Todavia, nada impede que sejam harmonizadas as **anacruses**.

(115)

Aliás, se observarmos os "Corais de J. S. Bach", podemos verificar que as **anacruses** são quas sempre harmonizadas.

EXERCÍCIOS

1. Canto e baixo dados alternados para emprego de **soldaduras, pausas e anacruses**.

2. Canto dado para emprego de **ligações melódicas, pausas e anacruses**.

UNIDADE IV

RETARDO

Considerações Gerais — **Retardos simples** nos **acordes de 3, 4 e 5 sons**, no **estado fundamental** e nas **inversões** — **Retardos duplos** — **Retardos simples e duplos** nos acordes de 4 e 5 sons - Retardos triplos.

Dá-se o nome de **retardo** ao prolongamento de uma nota que vem encaixar-se e ocupar momentaneamente (obviamente na mesma voz) o lugar de outra nota que, realmente, faz parte do acorde.

A **nota retardada** recebe o nome de **nota real**.

As cifragens dos **retardos**, como as demais cifragens, são representadas pelos algarismos que expressam o **intervalo** que o **retardo** forma com o baixo.

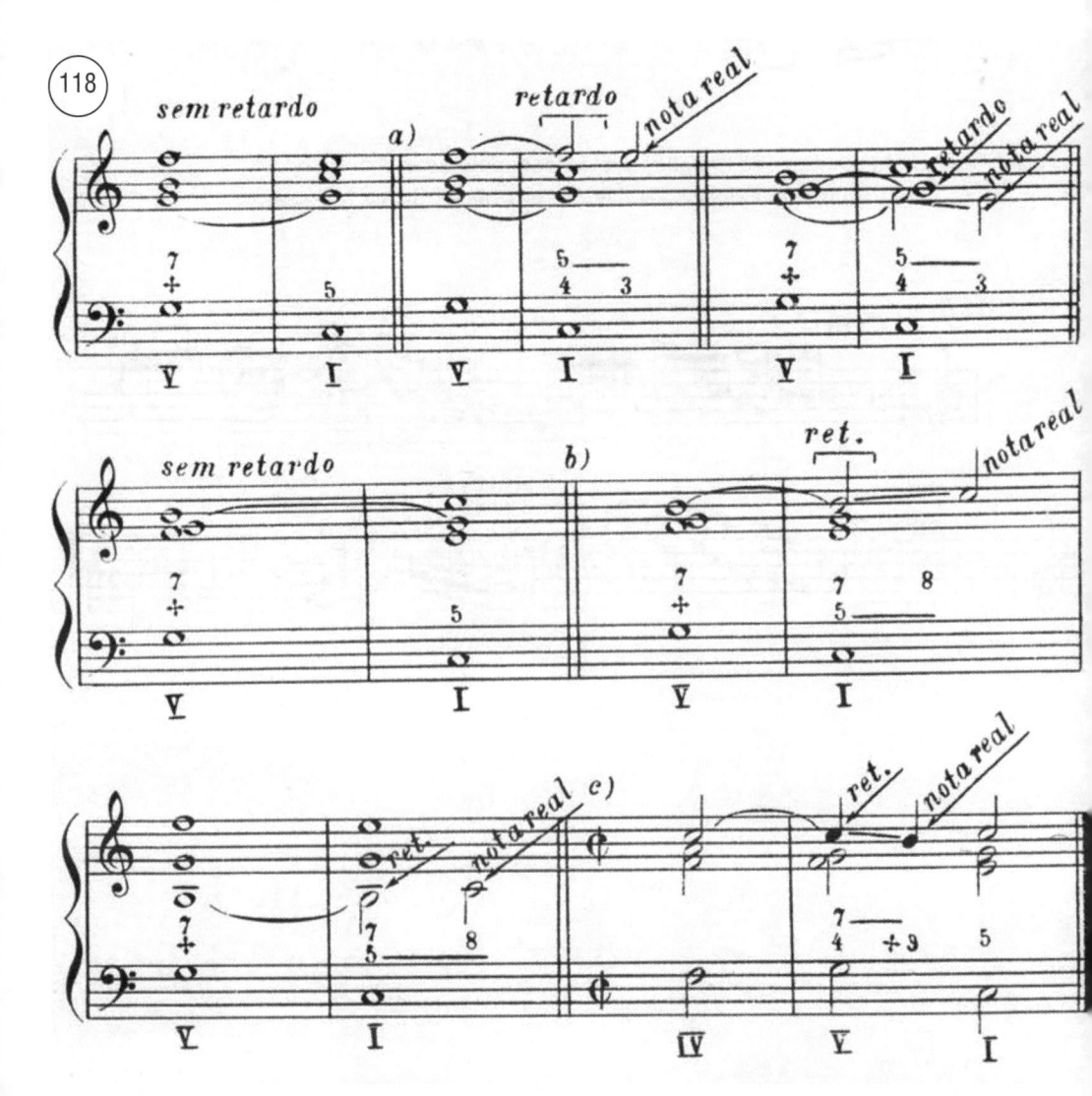

HARMONIA - DA CONCEPÇÃO BÁSICA À EXPRESSÃO CONTEMPORÂNEA 49

Analisando os exemplos dados verificamos que:

1 – O **retardo**, realmente, atrasa o aparecimento da nota real e é **nota estranha ao acorde**.
2 – O **retardo** é praticado em tempo forte – a) e b), ou parte forte de tempo – c).
3 – O **retardo** fica sempre uma 2ª acima – a) e c) ou abaixo – b) da nota real. Daí chamar-se o **retardo, superior** (indiferentemente, uma 2ª maior ou menor acima) e inferior (uma 2ª menor abaixo, ou seja, guardando sempre o intervalo de semitom).
4 – Em a) o **retardo** se encontra em nota do acorde do I grau. Trata-se da 3ª do acorde (mi), **retardada** pela nota acima (fá). Temos então, o retardo superior da 3ª pela 4ª. Como o acorde está no estado fundamental (dó–mi–sol), a cifragem condiz, exatamente, com os intervalos formados com o baixo (dó). O **retardo** (fá) forma com o baixo intervalo de 4ª, e a nota real (mi) forma com o baixo intervalo de 3ª, justificando a cifragem 5_4---$_3$-- . Como vêm, o **retardo superior** se encontra aí no Soprano, voz aguda. Logo a seguir, encontramos exemplificado o mesmo **retardo** em Voz intermediária. Em b), o **retardo** se encontra em nota também do acorde do I grau. Trata-se da 8ª do baixo (dobramento) do mesmo acorde (do – mi – sol). Temos assim, o **retardo inferior da 8ª do baixo**. Reparem que o **retardo inferior** está praticado por **intervalo de semitom**. Como o acorde está no estado fundamental (dó – mi – sol – dó) a cifragem reproduz, exatamente, os intervalos formados com o baixo (dó). O **retardo** (si) forma com o baixo intervalo de 7ª, e a **nota real** (dó – dobramento do baixo) forma com o baixo intervalo de 8ª, condizendo perfeitamente com a cifragem 7   8
                                                                                                    5___

Como em a), mostramos, neste exemplo, o **retardo inferior** praticado na voz aguda (soprano) e logo a seguir, o mesmo **retardo** em voz intermediária.

Considerações Gerais

O **retardo** é nota estranha ao acorde onde ele se encontra. Assim sendo, pode ser considerado também como nota melódica.
O **retardo** e a **apogiatura expressiva** (ou **longa**) têm grande semelhança entre si. Pode-se mesmo dizer que, o **retardo** é uma **apogiatura expressiva preparada**, ou o inverso, a **apogiatura expressiva** é um **retardo sem preparação**.
Todas as considerações traçadas em torno da **apogiatura expressiva** são aplicáveis ao retardo, e mesmo as observações feitas no emprego das **apogiaturas em geral**, cabem ao emprego do retardo

Assim, lembramos que:
1 – Um verdadeiro **retardo**, bem definido, deve produzir **dissonância** no acorde a), ou, pelo menos, se não chegar a produzir dissonância, deverá causar efeito um tanto áspero e inesperado, até que seja resolvido o retardo b)

(119)

2 – Qualquer nota do acorde (fundamental, 3ª, 5ª, 7ª" ou 9ª) pode ser **retardada**, desde que respeitada a su preparação.

3 – O **retardo** pode ter também valor menor, igual ou mesmo maior que a nota real.

4 – O **retardo inferior da sensível** também, de preferência, se faz por tom.

(120)

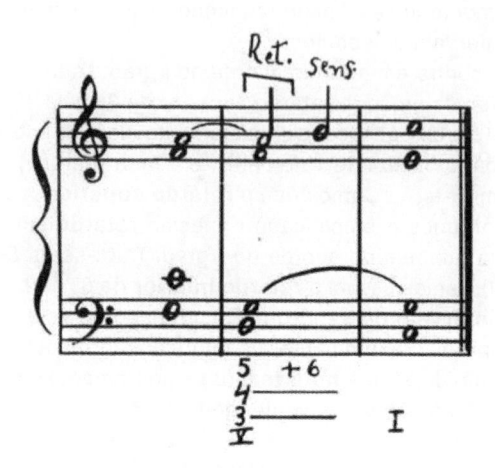

5 – O **retardo** e a **nota retardada** só podem ser ouvidos simultaneamente, se o **retardo** for da 8ª da nota real isto é, ficando o **retardo** em voz mais aguda, e a **nota retardada** em voz mais grave.

(121)

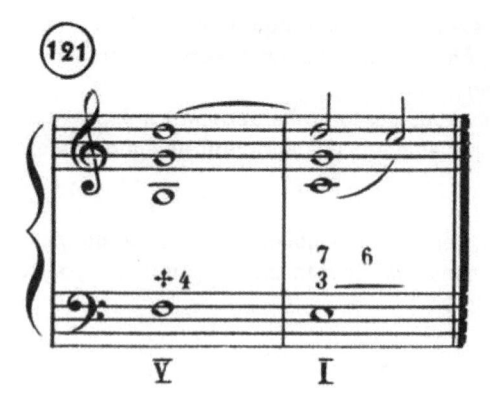

6 – O **retardo** pode ser empregado em qualquer voz do Coral. Todavia, seu uso é mais freqüente, por ser de melhor efeito, na voz mais aguda. Ressalva seja feita ao retardo da 3ª pela 4ª, que faz bom efeito em qualquer voz.

7 – Também não se faz retardo de uníssono.

HARMONIA - Da Concepção Básica À Expressão Contemporânea   51

8 – Alguns harmonistas evitam as 5as e 8as consecutivas, nas **partes extremas**, mesmo que a segunda 5ª ou a segunda 8ª seja **retardada**. Não aceitamos esta teoria radicalmente. Se estas 5as forem empregadas com habilidade, evidenciando o bom gosto estético e respeitando os bons encadeamentos, não há razão para evitá-las e podem ser empregadas livremente.

(122)

Também as 5as consecutivas, nas **partes intermediárias**, têm seu efeito muito mais atenuado se a segunda 5ª for **retardada**. Assim seu emprego está liberado.

(123)

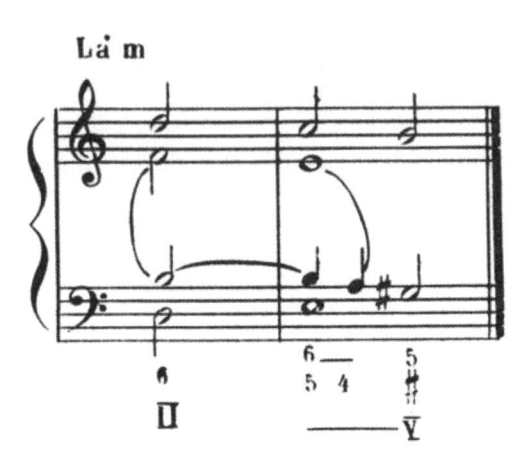

9 – Também são permitidas duas 5as consecutivas, se a primeira 5ª ou ambas as 5as forem resultantes de **retardos**.

(124)

10 – O **retardo** pode também, resolver com **Variantes**, tal qual faz a **apogiatura**. Antes de resolver pode o **retardo** tocar em qualquer outra nota do acorde – a), ou ornamentar o **retardo** com qualquer outra nota melódica – b) e c).

125

11 – O **retardo** pode fazer **resolução excepcional** quando, no momento de resolver, muda o grau e assim, a **nota retardada** passa a pertencer a outro acorde. Neste caso, a resolução poderá ser tonal ou modulante

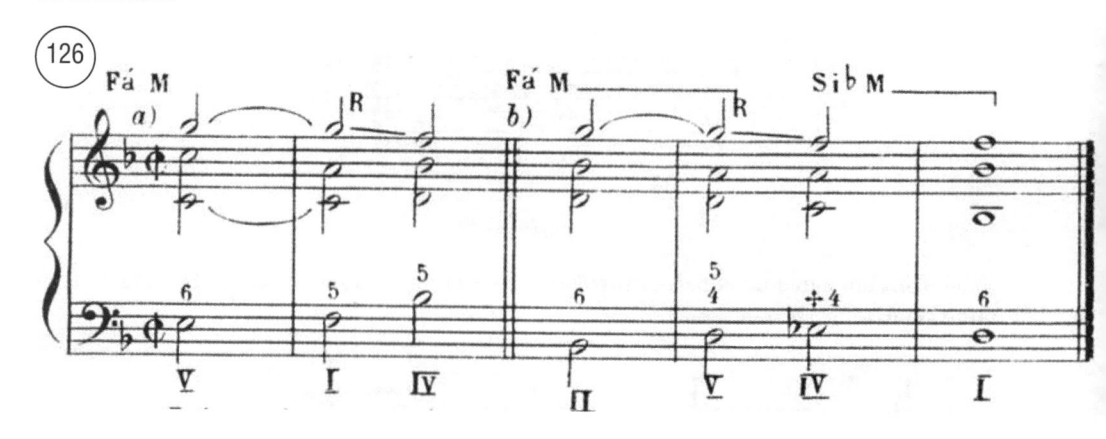

126

Esclarecendo este exemplo:

a) o **retardo** (Sol) é da 8ª pela 9ª, no acorde do I grau (fá – lá – dó). Porém, no momento de resolver, a **nota retardada** (fá) transformou-se em 5ª do acorde do IV grau (si – ré – fá). Esta **resolução excepcional** é **tonal**.

b) No acorde do VI grau (ré – fá – lá), o **retardo** (Sol) é da 3ª pela 4ª. Quando se deu a resolução, a **nota retardada** (fá) transformou-se em fundamental de outro acorde, ou seja, do acorde (fá – lá – dó – mi) que é V grau (7ª da dominante) do tom de Si♭ Maior. Temos aí uma **resolução excepcional modulante**.

HARMONIA - Da Concepção Básica À Expressão Contemporânea

12 – O **retardo** pode ser simples (quando **se retarda** apenas uma nota do acorde), ou **simultâneo** quando são **retardadas** duas ou mais notas do acorde).
Como vimos, todos os **retardos** até agora estudados **são retardos simples**.
13 – Como podemos verificar, pelos exemplos dados, o **retardo** é preparado por **uma nota real**. Entretanto a nota de passagem a) e a bordadura – b) com valor maior ou igual ao do **retardo**, também podem servir de preparação ao **retardo**.

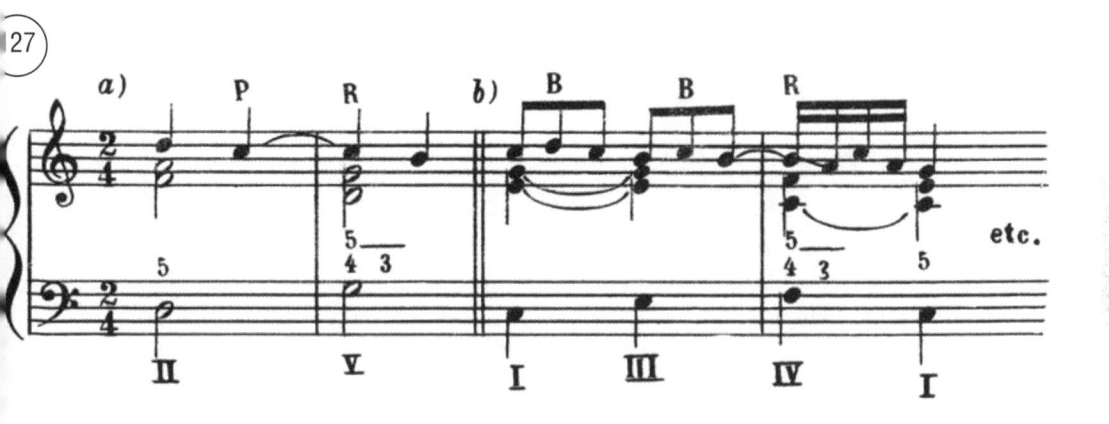

27

RETARDOS SIMPLES NOS ACORDES DE 3 SONS

Retardos Superiores

1. **Nos acordes cifrados com 5**

a) Retardo superior da fundamental
Este é o **retardo do baixo**. Forma um acorde artificial de 2^a e 4^a. Dobra-se a 2^a – a) ou a 4^a – b). Sugere um acorde de 7ª juntada incompleto, na 3ª inversão. Seu efeito é bastante áspero e dissonante.

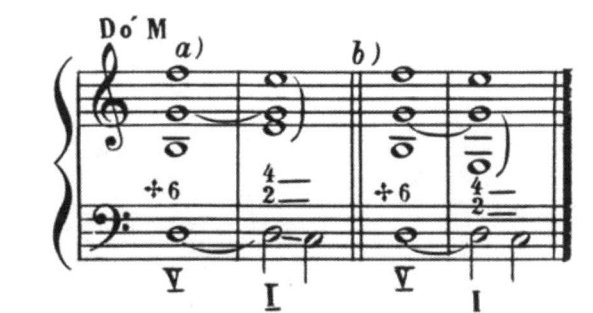

28

b) Retardo da 3ª pela 4ª.

Este é o **retardo** mais usado, em conseqüência do seu efeito bastante chocante. Sugere um acorde de 11ª (embora incompleto). É muito agradável, seja nas partes extremas – a) ou intermediárias – b).

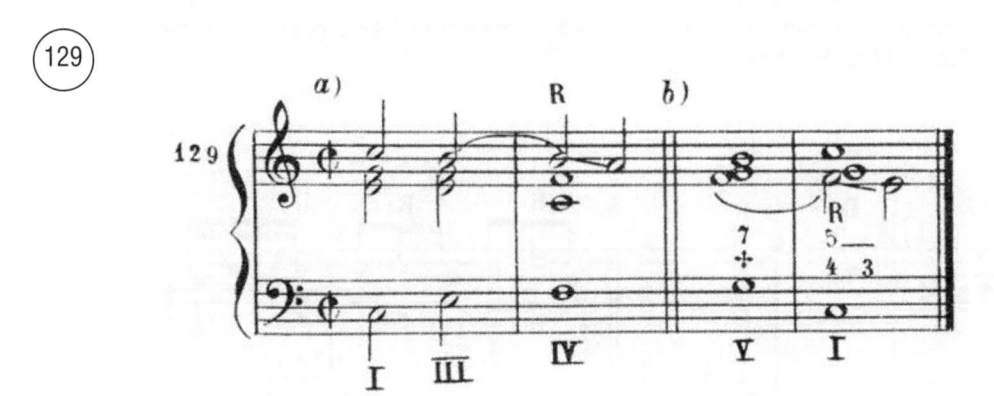

(129)

c) Retardo da 5ª pela 6ª

Não tem características muito pronunciados de **retardo**, por ser consoante. Assim mesmo, é freqüente o seu uso nos acordes do I e V graus – a) e b). Somente no V grau do modo menor se faz caracterizar o **retardo**, em virtude da dissonância (4ª diminuta) provocada pela sensível e pela nota retardo – c).

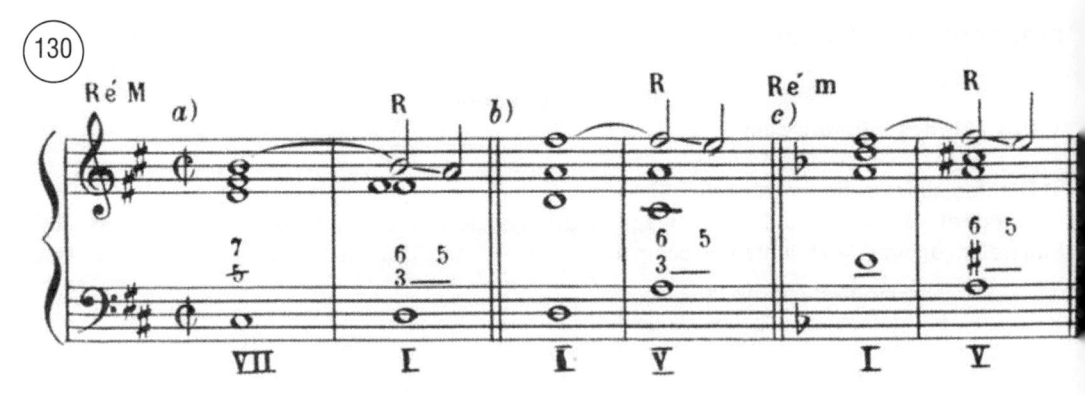

(130)

d) Retardo da 8ª (do baixo) pela 9ª

É o **retardo** que proporciona ouvir simultaneamente o **retardo** e a **nota real**, uma vez que, o retardo estará acima da **nota real**, pois a **nota retardada é a 8ª da nota real**.

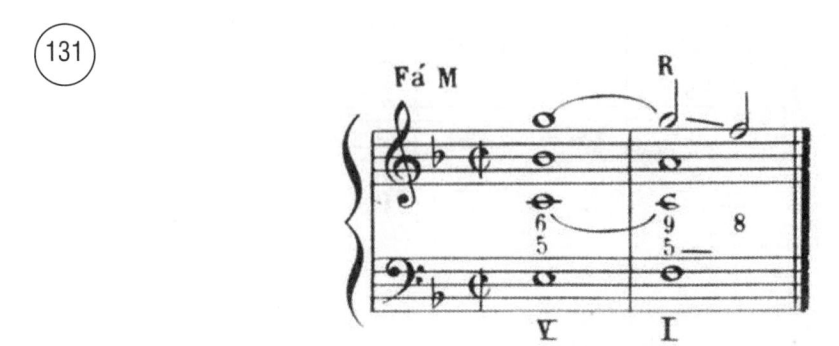

(131)

HARMONIA - Da Concepção Básica À Expressão Contemporânea   55

2. Nos acordes cifrados com 6
a) **Retardo superior do baixo**
Forma um acorde artificial de 2ª e 5ª. Dobra-se a 2ª – a) a 5ª – b). Como provoca dissonância muito pronunciada este **retardo** é, realmente, bem marcante.

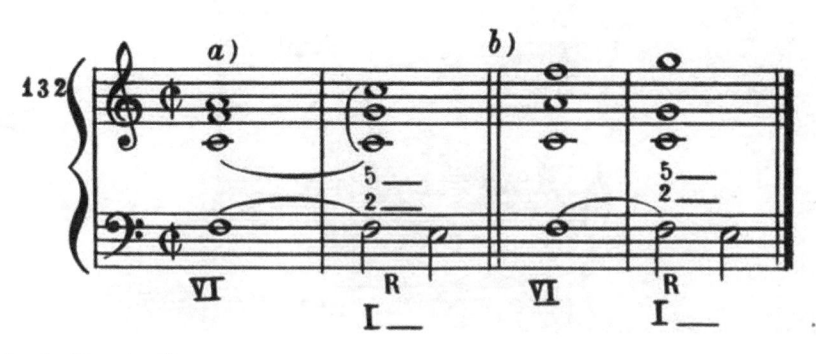

32

b) **Retardo da 3ª pela 4ª**
Forma um acorde de 4⁶ (consoante), e por isso não tem as características de um **retardo**, sendo pouco usado. Assim mesmo é interessante quando praticado sobre a 1ª inversão do V grau.

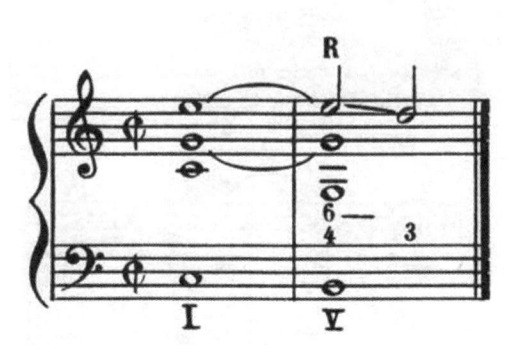

33

c) **Retardo da 6ª pela 7ª**
Como produz um acorde de 7ª (sem a 5ª) no estado fundamental, seu efeito não provoca o choque de um verdadeiro **retardo**.

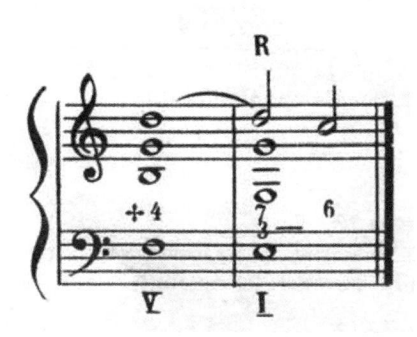

34

d) **Retardo da 8ª (do baixo) pela 9ª**
Também de efeito muito agradável e marcante. Sugere um acorde de 9ª (invertido) e sem a 3ª

(135)

3. Nos acordes cifrados com 4ª e 6ª
a) **Retardo superior do baixo**
Este **retardo** não tem nestes acordes nenhuma significação, uma vez que, o **retardo** produz um acorde pe feito (maior ou menor) no estado fundamental.

b) **Retardo da 4ª pela 5ª**
Este **retardo** só pode ser praticado nos acordes de **4⁶ em forma de apogiatura**. Sugere um acord de 7ª (invertido) e é muito agradável.

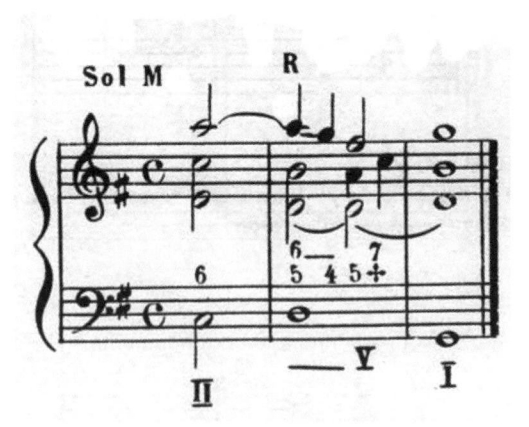

(136)

c) **Retardo da 6ª pela 7ª**
Também de efeito marcante e agradável, este **retardo** pode ser praticado nos acordes de 4⁶ e **forma de passagem** (a) ou em **forma de apogiatura** (b).

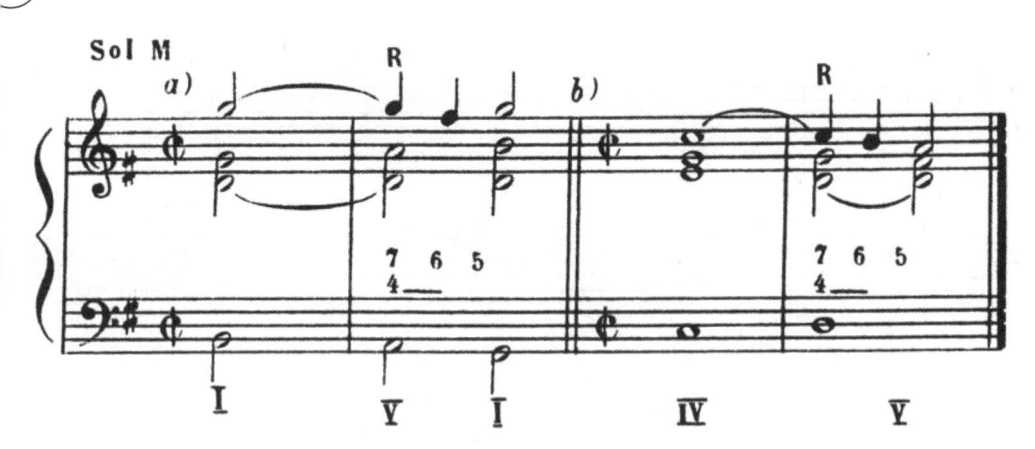

d) Retardo da 8ª (do baixo) pela 9ª
Como em todos os **retardos** dessa natureza (8ª pela 9ª), ouvimos aí simultaneamente o **retardo** e **nota real**. Este retardo produz um autêntico acorde de 7ª (invertido) e soa melhor quando ocupa a parte superior – a).
Em parte intermediária ele é também bastante aceitável, se a parte é a de maior destaque no coral u a que mais se movimenta – b), e seu emprego só cabe no acorde de 4^6 em **forma de apogiatura**.

No acorde de $+4^6$, de ambos os modos, o fato de ser o baixo nota atrativa, e, por conseguinte, não ermitido o seu dobramento, não é possível fazer este retardo, da 8ª pela 9ª

4. Nos acordes cifrados com $+4^6$
a) **Retardo superior do baixo**
Por ser o acorde de $+4^6$ uma 2ª inversão, situação deste **retardo** é a mesma que se dá nos acores cifrados com 4^6
b) **Retardo da 4ª aumentada pela 5ª e**
c) **Retardo da 8ª (da 6ª) pela 7ª** estes **retardos** são praticáveis, porém pouco usados. Seu efeito é m tanto vazio.

(139)

[Exemplo musical em Si♭ M: a) I - VII - I ; b) I - VII - I]

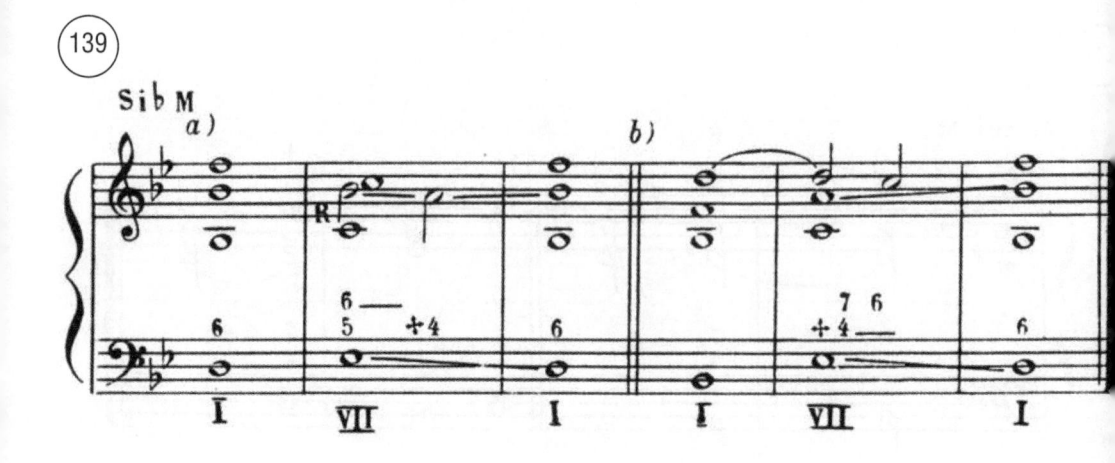

RETARDOS INFERIORES

Já sabemos que os **retardos inferiores** só devem ser praticados por intervalo de semitom.
1) **Nos acordes cifrados com 5**
a) **Retardo inferior da fundamental**
Este **retardo** produz um acorde consonante de 4ª, daí não ter nenhuma expressão e não ser usado
b) **Retardo da 3ª pela 2ª**
Forma um acorde artificial de 2ª e 5ª

Somente praticável nos seguintes acordes: II quando do modo maior – a) e b); I grau – c) e IV grau – (d) do modo menor.
São **retardos** bem dissonantes, portanto, bem caracterizados.

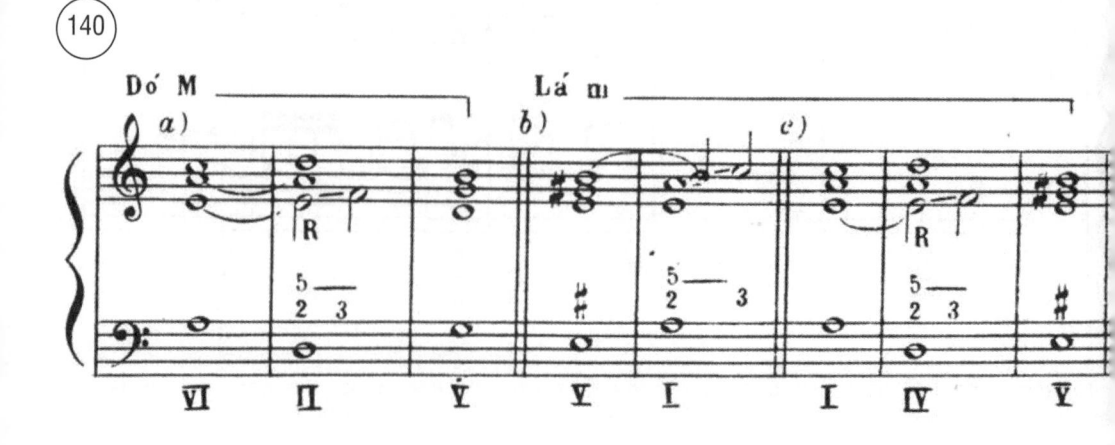

(140)

[Exemplo musical em Dó M: a) VI - II ; Lá m: b) V - I ; c) I - IV - V]

c) **Retardo da 5ª pela 4ª**
Forma um acorde de 3ª e 4ª. Sugere um acorde de 7ª invertido e incompleto.
Somente praticável nos seguintes graus: IV grau do modo Maior – (a), II grau – b) e VI grau – c) do modo menor. São **retardos** realmente muito caracterizados pela dissonância.

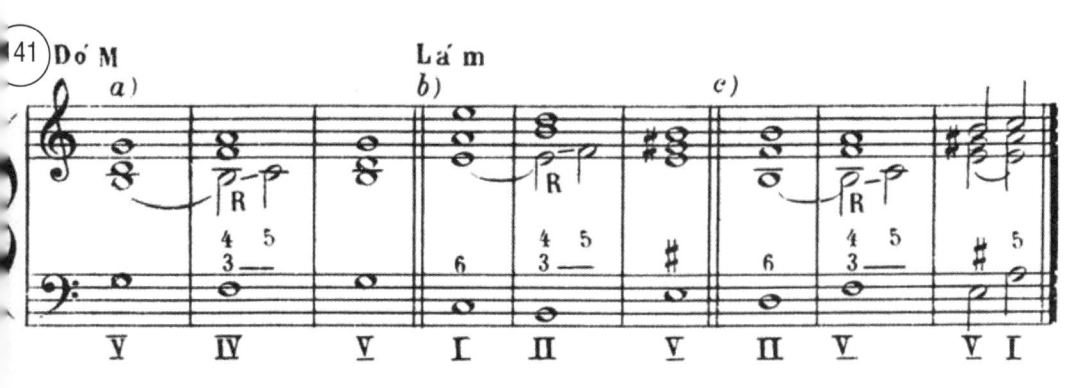

d) Retardo da 8ª (do baixo) pela 7ª

Como em todos os **retardos** de 8ª teremos oportunidades de ouvir o **retardo** e a **nota real**. Este retardo produz um acorde de 7ª e é de muito bom efeito. Pode ser praticado no I grau de ambos os modos – a) e no IV grau do modo Maior – b).

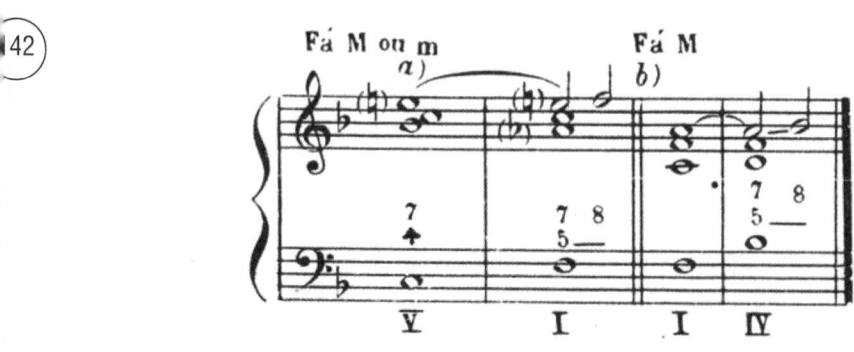

e) Retardo da 8ª da 3ª pela 2ª

Este **retardo** produz um acorde de 9ª artificial (sem a 7ª) e é de efeito muito agradável. Pode ser praticado no I e IV graus do modo Maior a) e b) e no I e II graus do modo menor – c) e d).

2. **Nos acordes cifrados com 6**

a) **Retardo inferior do baixo**
Este **retardo** é bastante chocante, pois dá formação a um acorde de 4ª e 7ª.
Todavia, encontra ampla aceitação na música contemporânea que procura, justamente, afastar-s[e]
dos padrões da consonância tradicional. É praticado na 1ª invasão dos acordes do II e VI graus d[o]
modo Maior e do IV e VI graus do modo menor.

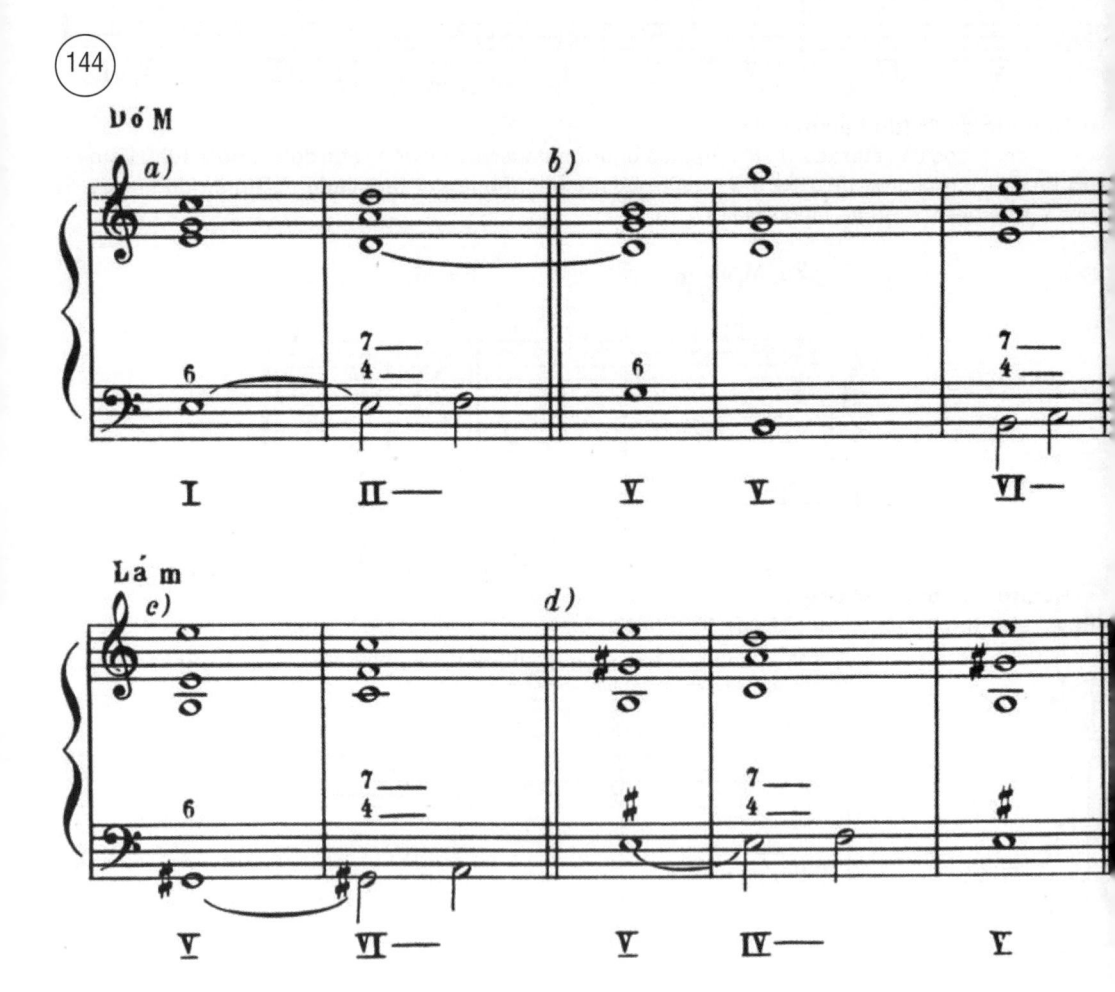

b) **Retardo da 3ª pela 2ª**
Seu efeito é um pouco áspero, não tendo uso freqüente. Sugere um acorde de 7ª incompleto e i[n]vertido. E possível o seu emprego nos seguintes graus: IV graus e VII grau do modo Maior; I I grau, I[V]
grau e VI grau do modo menor.

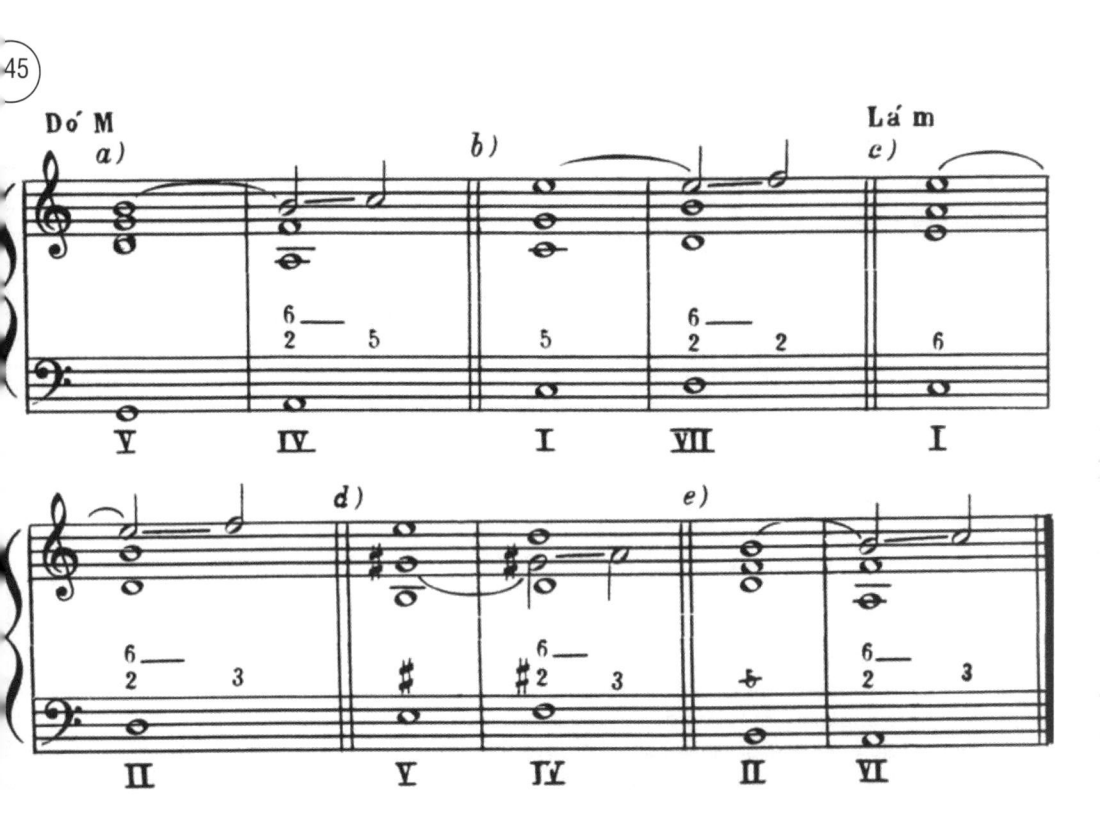

HARMONIA - Da Concepção Básica À Expressão Contemporânea   61

c) Retardo de 6ª pela 5ª

Não tem efeito de **retardo** pois, fica o acorde cifrado com 5 6, formando consonância perfeita. Mesmo assim, é comum o seu emprego. Pode ser praticado no I grau de ambos os modos e no IV grau do modo Maior.

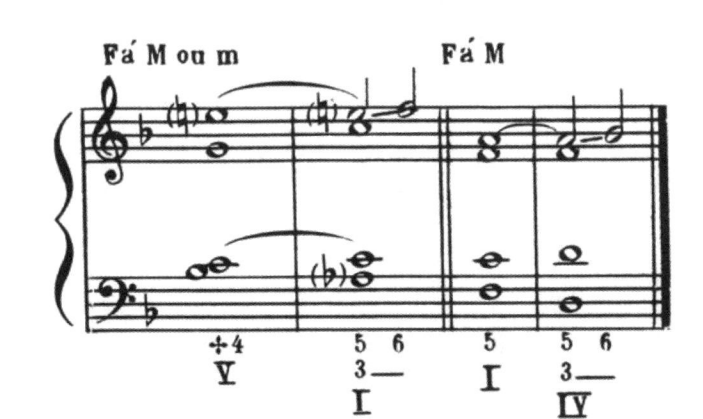

d) Retardo da 8ª (do baixo) pela 7ª

Este **retardo** só pode ser praticado na 1ª inversão do II e VI graus, – a) e b), por terem no baixo o semitom para prepará-los, e pelo fato do baixo ser nota de 1ª ordem, possibilitando o seu dobramento na parte superior.

147

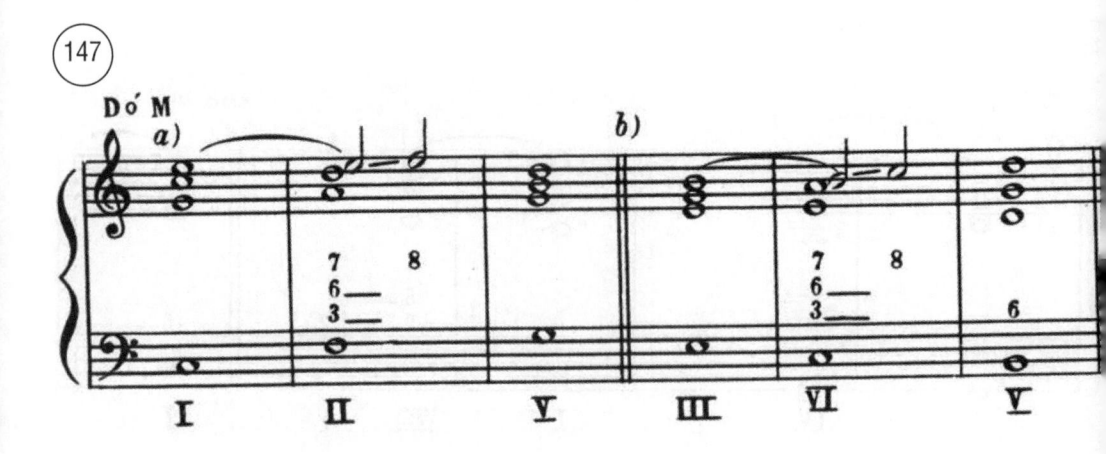

[exemplo musical: Dó M, a) e b); graus I – II – V – III – VI – V]

3. **Nos acordes cifrados com 4⁶**

a) **Retardo inferior do baixo**
Não há condições de praticá-lo

b) **Retardo da 4ª pela 3ª**
Só pode ser praticado sobre a 2ª inversão do I grau – a) e do IV grau – b) do modo Maior, em bai[xo] preparado e prolongado (em forma de bordadura).
  Seu efeito não é nada expressivo, uma vez que, não provoca dissonância, e sim um acorde de ?

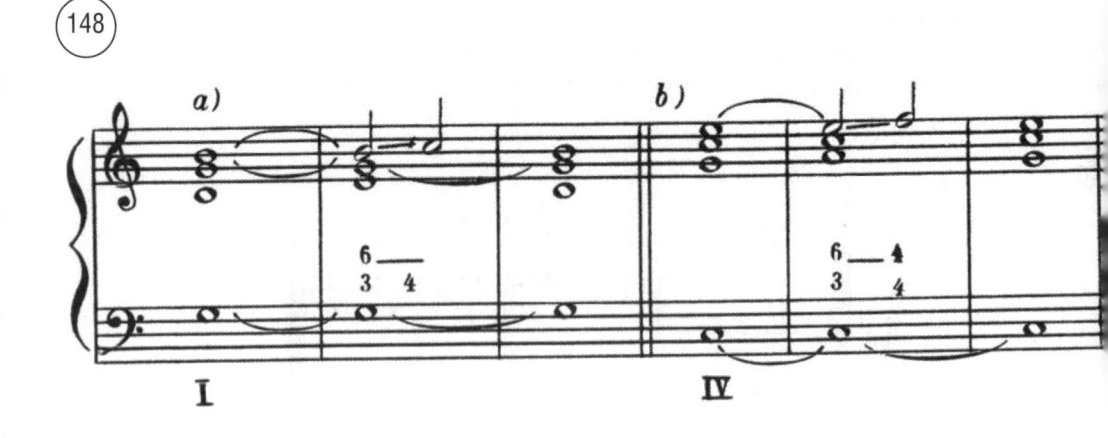

148

[exemplo musical: a) grau I; b) grau IV]

c) **Retardo da 6ª pela 5ª**
Este **retardo** é praticado nos seguintes acordes: II grau e VI grau do modo Maior – a) e b); I grau [e] IV grau do modo menor menor – c) e d), e de efeito marcante e agradável.

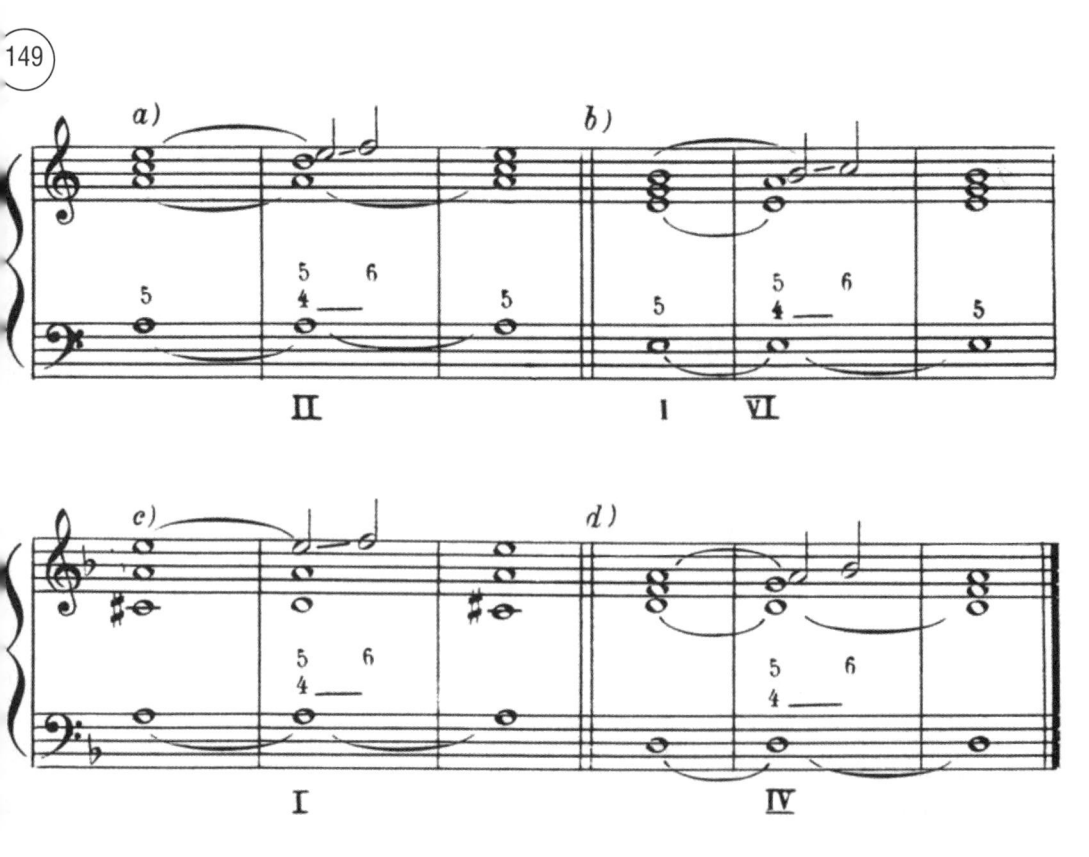

d) Retardo da 8ª (do baixo) pela 7ª

No modo Maior este **retardo** só é praticável na 2ª inversão do IV grau, em acorde de 4⁶ de passa-
em – a). E, assim mesmo, bastante forçado, pois para que a 4ª seja preparada há necessidade de
sar a resolução suspensa da 7ª do acorde de da dominante. Tem efeito bastante áspero.
  No modo menor é praticável na 2ª inversão do IV grau. Também em acorde de 4⁶ de passagem.
em efeito marcante e agradável.

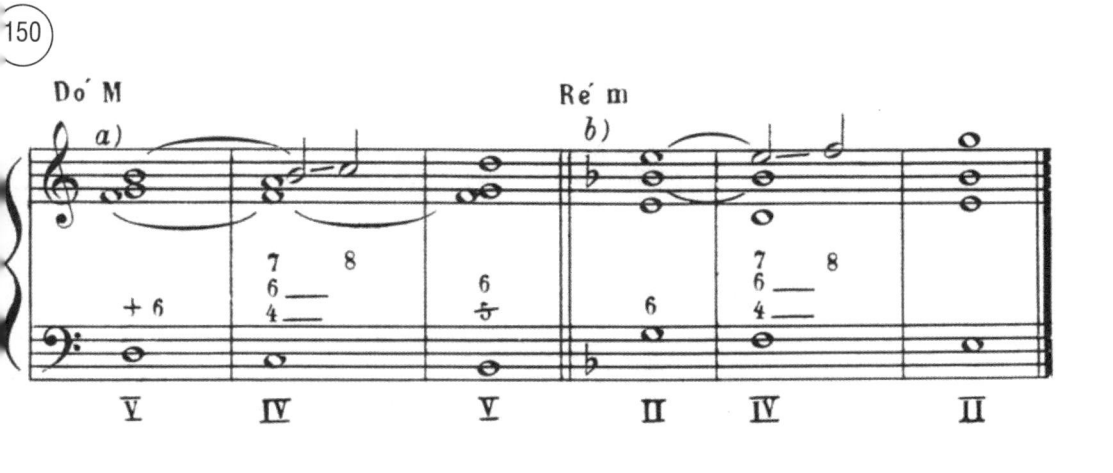

4. **Nos acordes cifrados com + 4⁶**
a) **Retardo inferior do baixo**
Este **retardo** só pode ser praticado no acorde de 4ª aumentada e 6ª, 2ª ,inversão do VII grau d modo Maior – a). Tem efeito pouco agradável.

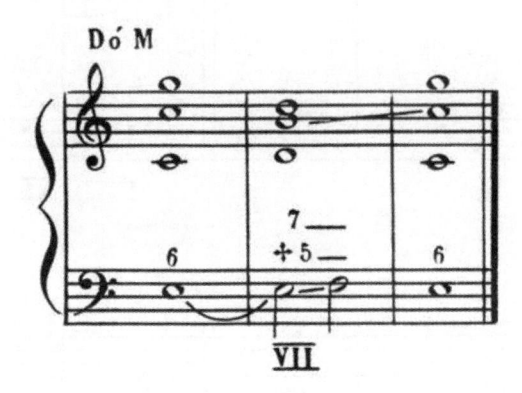

(151)

Os demais **retardos** da 4ª pela 3ª, 6ª pela 5ª e da 8ª (do baixo) pela 7ª são impraticáveis.

Retardos duplos nos acordes de 3 sons

Os **retardos duplos** quando caminharem por movimento direto guardam intervalo de 3ª ou 6ª. S caminharem por movimento contrário qualquer intervalo que guardem é aceitável.

1) **Retardos duplos nos acordes cifrados com 5**
a) **Retardos superior da 3ª e da 5ª**
Embora não provoquem dissonâncias, pois formam um acorde artificial de 4⁶, são bastante eufônicos.

(152)

HARMONIA - DA CONCEPÇÃO BÁSICA À EXPRESSÃO CONTEMPORÂNEA

Retardo superior da 3ª e da 8ª

Este é um **retardo** bem caracterizado pela dissonância que forma e de ótimo efeito.

153)

2) Retardos duplos nos acordes cifrados com 6
Retardos superior da 6ª e da 8ª
É este o único **retardo** duplo praticável em acorde na 1ª inversão.

154)

3) Retardos duplos nos acordes cifrados com 4^6
a) Retardo superior da 4ª e da 6ª
Pratica-se este **duplo retardo** nos acordes de 4^6 em forma de **apogiatura**.

155)

b) **Retardo superior da 6ª e da 8ª do baixo**
Pratica-se este **duplo retardo** nos acordes de 4^6 em forma de apogiatura e em forma de bordadura (baixo preparado e prolongado) – a) e b).

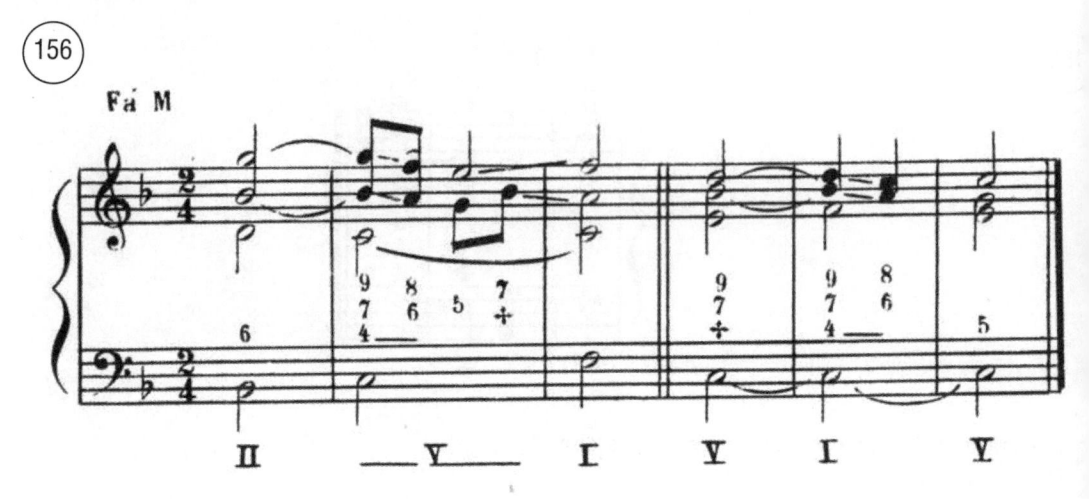

(156)

4) **Retardos duplos nos acordes de + 4^6**
Retardo superior da 4ª aumentada e de 6ª
Este **duplo retardo** é o único que pode ser praticado nos acordes de + 4^6. Em conseqüência deve ser evitado o dobramento de nota atrativa e de nota retardada, este **duplo retardo** só se torna praticável na harmonia a 3 vozes.

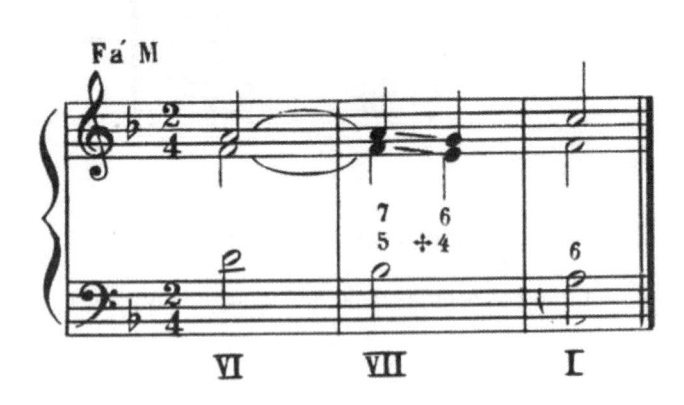

(157)

Retardos duplos resultantes da combinação de retardos superiores e retardos inferiores.
1) **Retardo superior da 3ª e inferior da 8ª da fundamental.**
Este **duplo retardo** só pode ser praticado no I grau de ambos os modos, e no estado fundamental.
Sua formação é idêntica ao acorde de 7ª da Dominante sobretônica, exigindo, naturalmente, por ser **retardo**, a preparação do sensível e da 7ª.

58

2) Retardo superior da 5ª e inferior da 8ª (da fundamental)

Este **duplo retardo** também só pode ser praticado no I grau, de ambos os modos.

a) No acorde cifrado com 5

Este **retardo duplo** forma um acorde artificial de 3ª, 6ª e 7ª

59

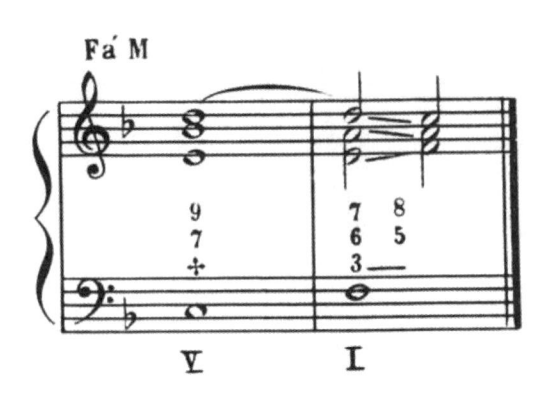

b) No acorde cifrado com 6
Retardo duplo superior da 3ª e inferior da 5ª
Forma um acorde artificial de 4ª, 5ª e 8ª.

160

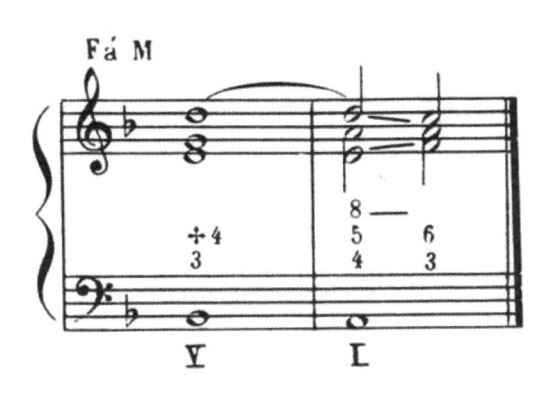

c) **No acorde cifrado com 4⁶**

Não tem características de **retardo**. É apenas a prolongação do acorde de 9ª da Dominante que serve de preparação do **retardo**.

RETARDOS TRIPLOS

1) **Retardo superior da 5ª, retardo inferior da 3ª e retardo inferior da 8ª.**

Este **triplo retardo** só pode ser praticado sobre o I grau do modo menor.

a) **No acorde cifrado com 5**

Produz este **triplo retardo** o acorde de 7ª Diminuta sobretônica, com a devida preparação das notas **retardadas.**

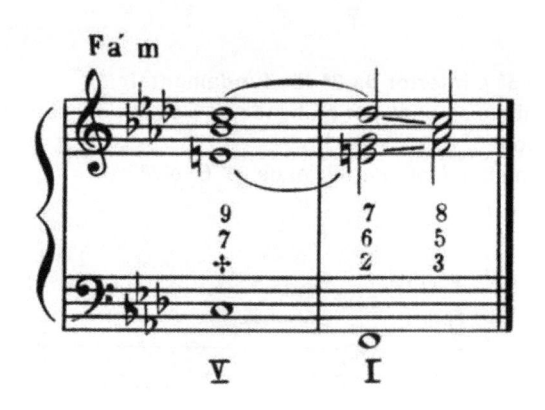

(161)

b) **No acorde cifrado com 6**

Este **retardo triplo** produz um acorde artificial de 4ª, 5ª e 7ª.

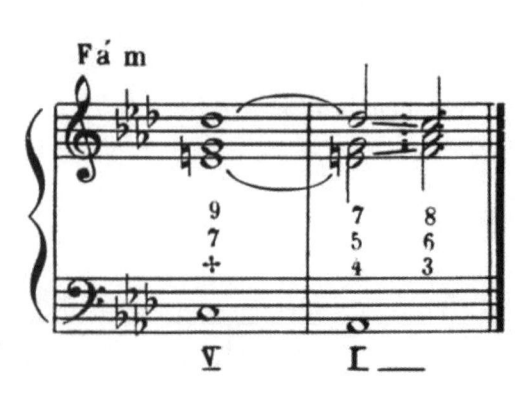

(162)

c) **No acorde cifrado com 4⁶**

Não há característica de **retardo**. É apenas a prolongação do acorde de 9ª da Dominante que serviu de preparação do **retardo**.

HARMONIA - Da Concepção Básica à Expressão Contemporânea

Retardos nos acordes de 4 sons –

Retardos superiores simples
No acorde de 7ª da Dominante

1) **Retardo superior da fundamental**
Esteja o acorde no estado fundamental ou invertido, produz este **retardo** um acorde de 7ª da sensível com resolução antecipada da 7ª, não sendo, por esse motivo, caracterizado o **retardo**.

a) **No estado fundamental**
Dá-se o **retardo superior do baixo**

b) **Na 1ª inversão**
Dá-se o **retardo** de 6ª pela 7ª.

c) **Na 2ª inversão**
Dá-se o **retardo** da 4ª pela 5ª

d) **Na 3ª inversão**
Dá-se o **retardo** da 3ª pela 2ª

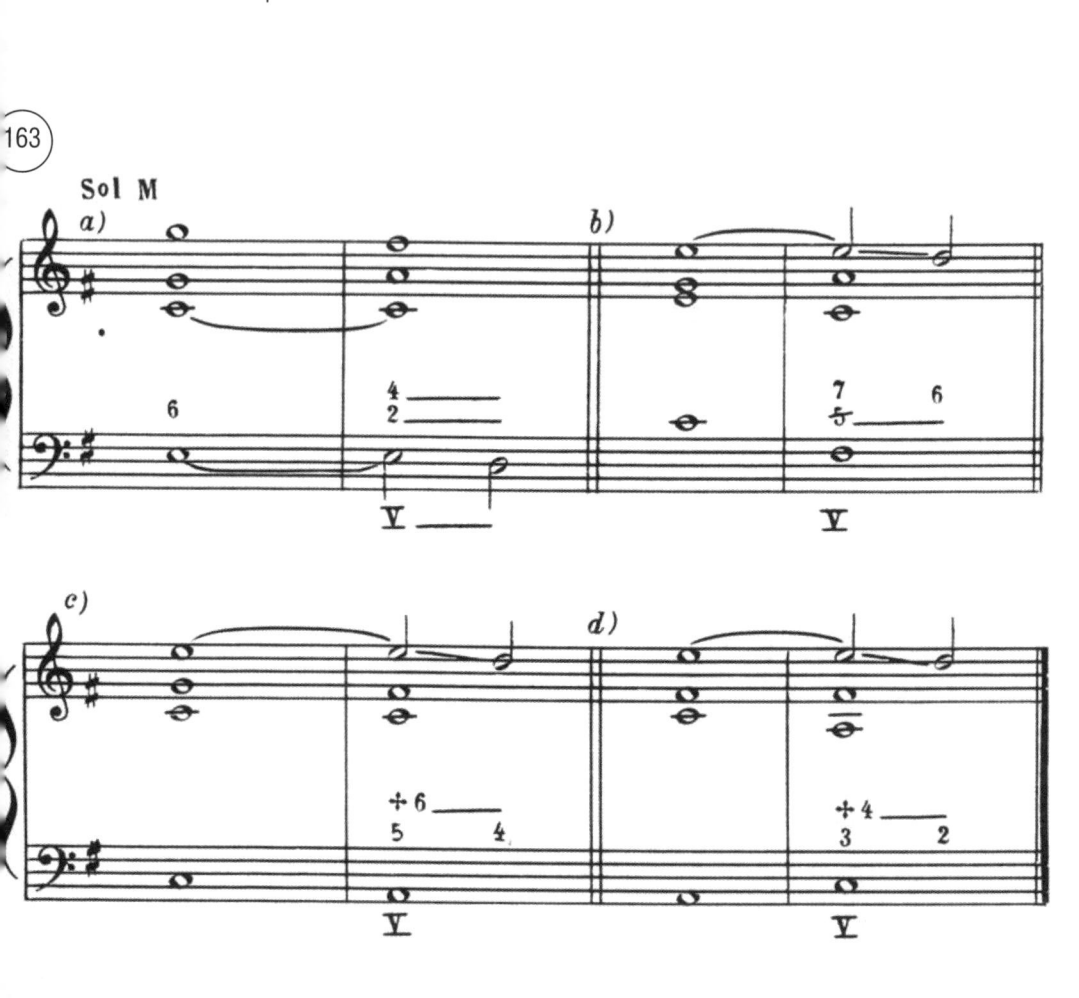

2) **Retardo da 3ª pela 4ª** (seja no acorde em estado fundamental ou invertido) é sempre bem caracterizado pela dissonância e muito agradável.

a) **No estado fundamental**
Produz um acorde artificial de 4ª, 5ª e 7ª.

b) **Na 1ª inversão**
Dá-se o **retardo superior do baixo** formando um **acorde artificial** de 2ª, 4ª e 5ª.

c) **Na 2ª inversão**
Dá-se o **retardo** da 6ª pela 7ª, formando um **acorde artificial** de 3ª, 4ª e 7ª

d) **Na 3ª inversão**
Dá-se o **retardo** da 4ª pela 5ª, formando um **acorde artificial** de 2ª, 5ª e 6ª.

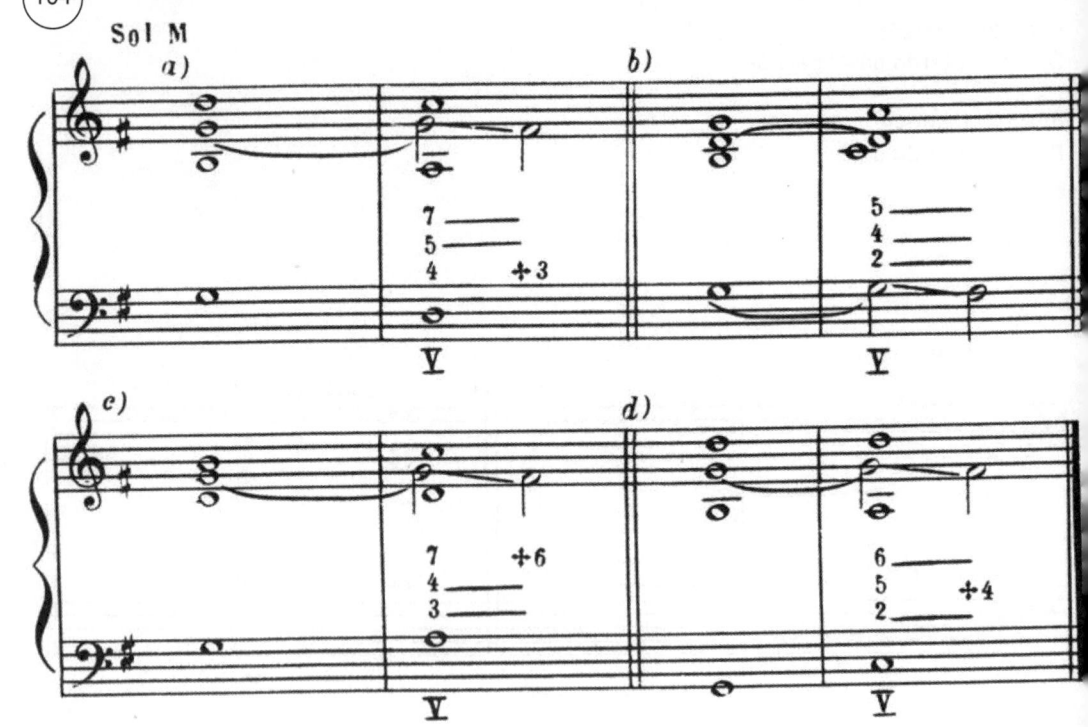

(164)

3) **Retardo da 5ª pela 6ª** (mesmas condições do retardo da 3ª pela 4ª)

a) **No estado fundamental**
Produz um acorde artificial de 3ª, 6ª e 7ª

b) **Na 1ª inversão**
Dá-se o **retardo** da 3ª pela 4ª, formando um **acorde artificial** de 4ª, 5ª diminuta e 7ª.

c) **Na 2ª inversão**
Dá-se o **retardo superior do baixo**, formando um **acorde artificial** de 2ª, 3ª e 5ª.

d) **Na 3ª inversão**
Dá-se o **retardo** da 6ª pela 7ª, formando **acorde artificial** de 2ª, 4ª e 6ª.

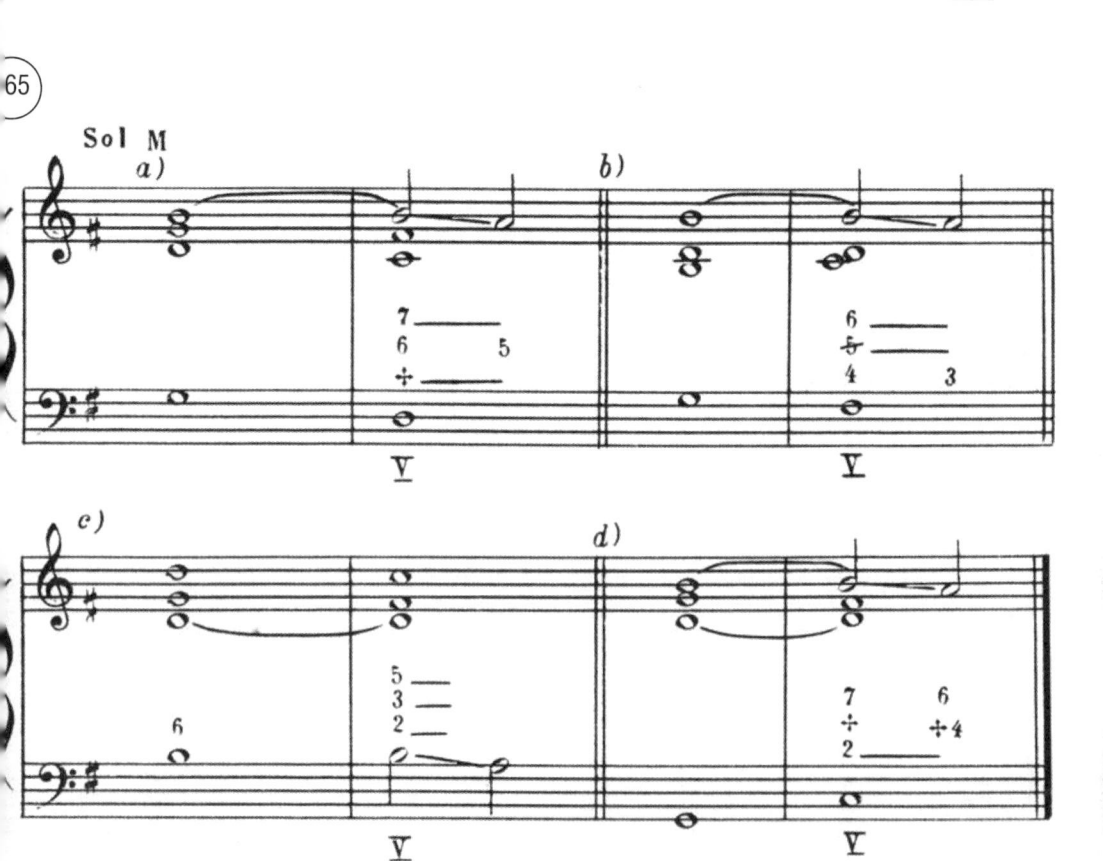

4) Retardo da 7ª pela 8ª
Deixa de ser **retardo**, ficando o V grau primeiramente um acorde de 3 sons e depois, acorde de 4 ns. (7ª da Dominante).

5) Retardo da 8ª (da fundamental) pela 9ª
Este **retardo** forma, simplesmente, um acorde de 9ª da Dominante, com resolução antecipada da . Logo, não se caracteriza como **retardo**.

Retardo inferior, simples

Em virtude de ser necessário intervalo de **semitom** para o **retardo inferior,** somente um **retardo ferior** se pratica no acorde de 7ª Dominante.
É este o
Retardo da 7ª pela 6ª

a) **No estado fundamental**
Forma um acorde artificial de 3ª, 5ª e 6ª
b) **Na 1ª inversão**
Dá-se o **retardo da 5ª pela 4ª**, formando um **acorde artificial** de 3ª, 4ª e 6ª.
c) **Na 2ª inversão.**
Dá-se o **retardo da 3ª pela 2ª**, formando um acorde artificial de 2ª, 4ª e 6ª.
d) **Na 3ª inversão.**
Dá-se o **retardo inferior do baixo**, formando um **acorde artificial** de 3ª, 5ª e 7ª.

Retardos duplos

São os seguintes os **retardos duplos** praticáveis no **acorde de 7ª da Dominante**.
1) **Retardo duplo superior da 3ª e da 5ª.**

a) **No estado fundamental**.
Forma um **acorde artificial** de 4ª, 6ª e 7ª.

b) **Na 1ª inversão**.
Dá-se o retardo superior do baixo e superior da 3ª.
Forma um acorde artificial de 3ª, 4ª e 5ª.

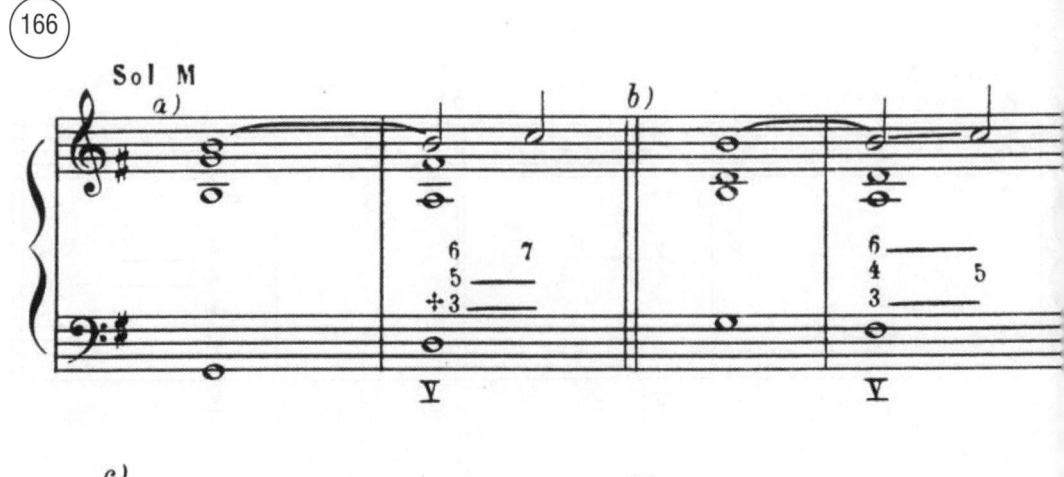

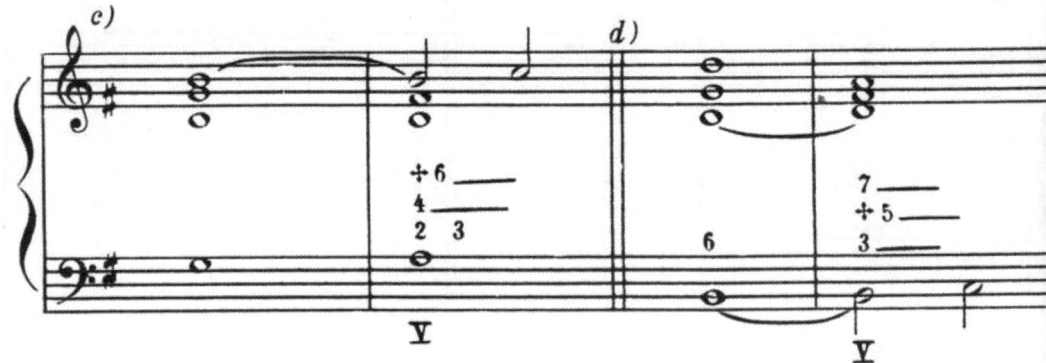

c) **Na 2ª inversão**
Dá-se o retardo superior do baixo e superior da 6ª.
Forma um acorde artificial de 2ª, 3ª e 6ª.

d) **Na 3ª inversão**.
Dá-se o **retardo da 4ª pela 5ª e da 6ª pela 7ª**.
Forma um acorde artificial de 2ª, 5ª e 7ª.

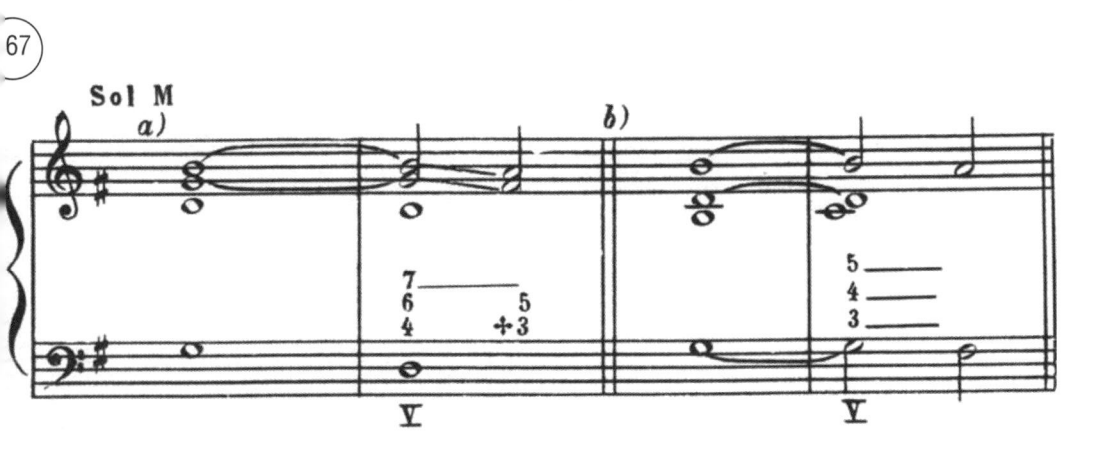

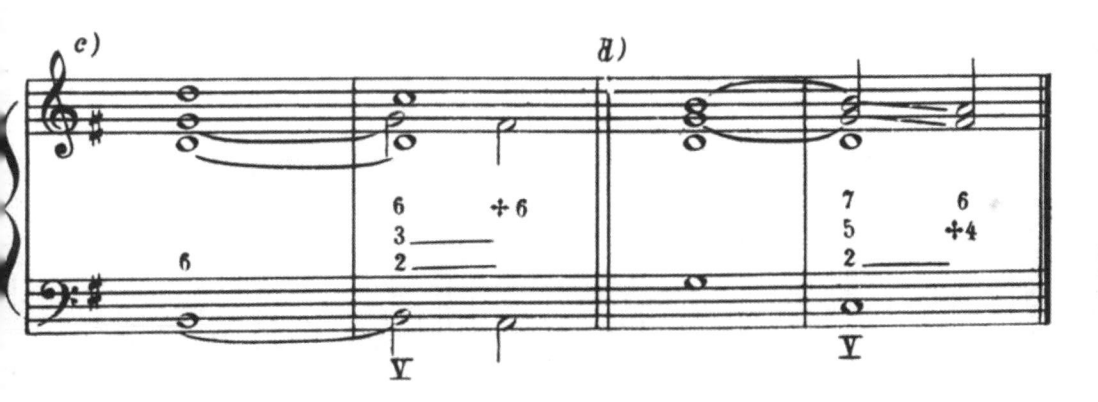

2° **Retardo duplo superior da 3ª e da 8ª.**

a) **No estado fundamental.**
Forma um acorde artificial de 4ª, 7ª e 9ª.

b) **Na 1ª inversão.**
Dá-se o retardo superior do baixo e da 8ª da 5ª.
Forma um acorde artificial de 4ª, 5ª e 6ª.

c) **Na 2ª inversão.**
Dá-se o retardo da 4ª pela 5ª e da 6ª pela 7ª.
Entretanto, este duplo retardo pode ser praticado a 5 vozes, pois forma um acorde artificial de 3ª, 5ª e 7ª.

d) **Na 3ª inversão.**
= Dá-se o retardo da 2ª pela 3ª e da 4ª pela 5ª.
Forma um acorde artificial de 2ª, 3ª e 5ª.

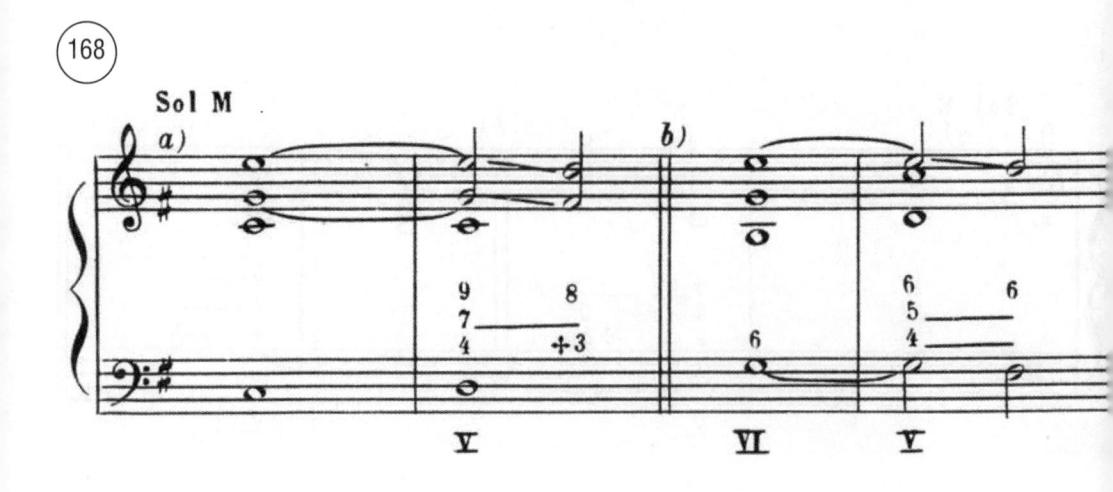

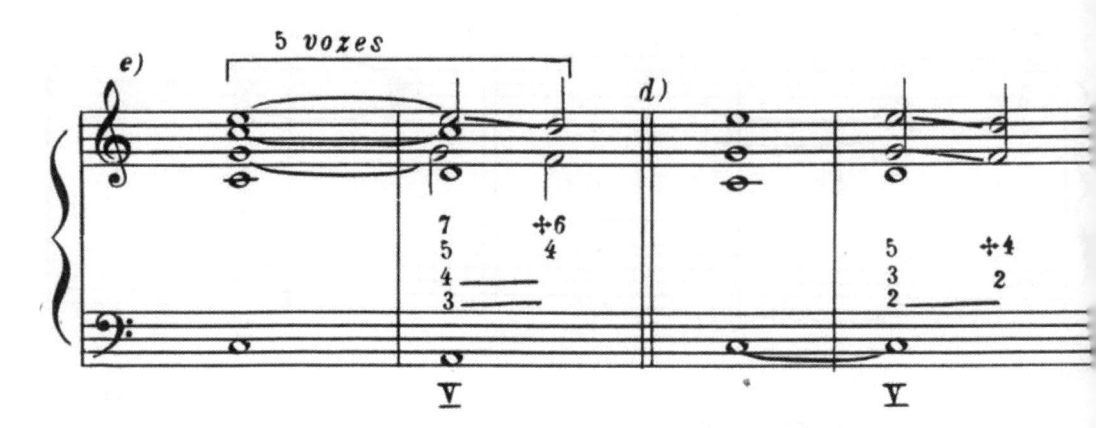

3) Retardo duplo superior da 3ª e inferior da 7ª.

a) **No estado fundamental**.
Forma um acorde artificial de 4ª, 5ª e 6ª.

b) **Na 1ª inversão.**
Dá-se o retardo superior do baixo e inferior da 7ª do acorde.
Forma um acorde artificial de 2ª, 3ª e 5ª.

c) **Na 2ª inversão.**
Dá-se o retardo inferior da 3ª pela 2ª e superior da 6ª pela 7ª.
Forma um acorde artificial de 2ª, 4ª e 7ª.

d) **Na 3ª inversão**
Dá-se o retardo inferior do baixo e o superior da sensível.
Forma um acorde artificial de 3ª, 6ª e 7ª.

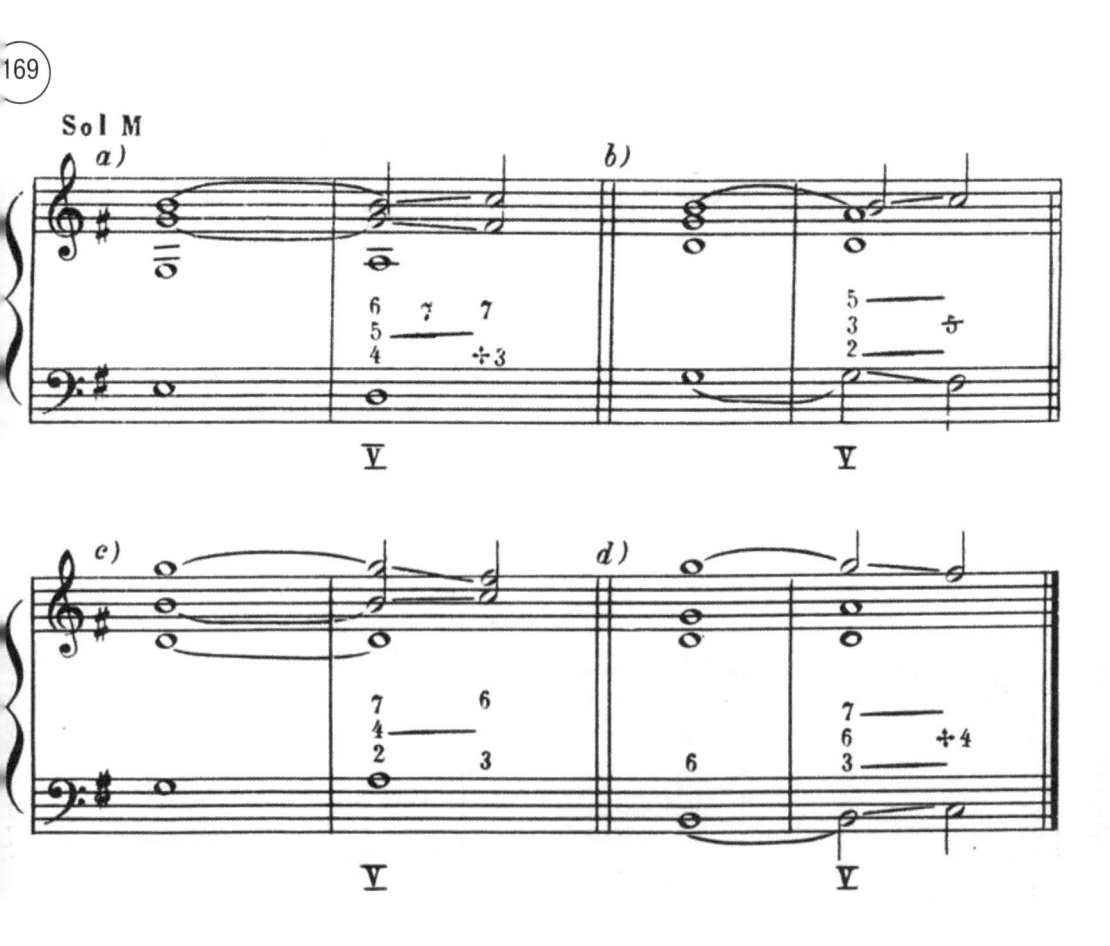

Retardos superiores simples

Nos acordes de **7ª da sensível e de 7ª Diminuta**.

1) **Retardo superior da fundamental**.
Este retardo produz um acorde de 7ª por prolongação do II grau. Assim sendo, não fica bem caracterizado o retardo, esteja o acorde no estado fundamental ou invertido.

2) **Retardo da 3ª pela 4ª** (produz efeito mais eufônico no acorde de 7ª Diminuta).
a) **No estado fundamental**.
Produz um **acorde artificial** de 4ª, 5ª diminuta e 7ª.

b) **Na 1ª inversão**.
Dá-se o **retardo superior do baixo**, formando um **acorde artificial** de 2ª, 4ª e 5ª.

c) **Na 2ª inversão**.
Dá-se o **retardo da 6ª pela 7ª**, formando um **acorde artificial** de 3ª, 4ª e 6ª.

d) **Na 3ª inversão**.
Dá-se o **retardo da 4ª pela 5ª**, formando um **acorde artificial** de 2ª, 5ª e 6ª.

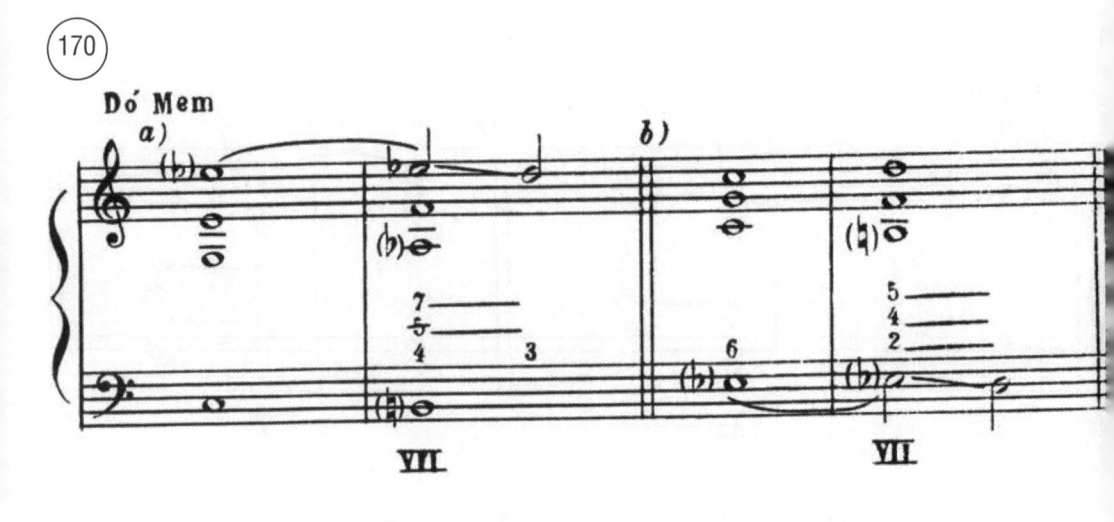

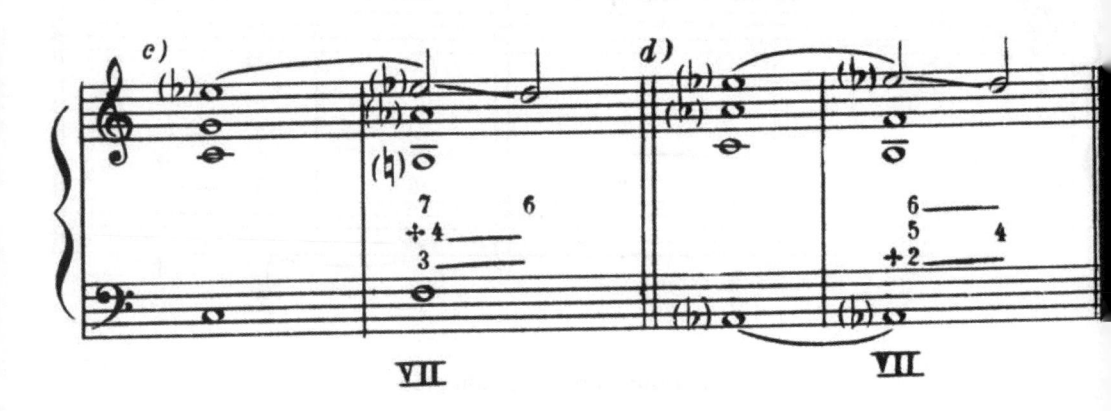

3) Retardo da 5ª pela 6ª.
Este **retardo** produz um acorde de 9ª da Dominante (com a 7ª suprimida) e por isso, o **retardo** não se caracteriza.

4) Retardo da 7ª pela 8ª.
No modo maior (no acorde de 7ª da sensível) este retardo produz um acorde de ♭ VII grau com o baixo dobrado, logo, não há característica de **retardo**.

No modo menor (no acorde de 7ª diminuta) este retardo Superior da 7ª pela 8ª é usado com a **subtônica**. É importante lembrar que se fosse usada a **sensível**, o intervalo entre o retardo (8ª da fundamental) e a 7ª (nota retardada), seria de 2ª aumentada, além de se dar também a descaracterização do **retardo**.

Assim, o emprego da **subtônica**, além de evitar a 2ª aumentada, produz dissonância de efeito marcante para o **retardo**, uma vez que, são ouvidas simultaneamente a **sensível** e a **subtônica** formando intervalo de 8ª diminuta.

Este **retardo** pode ser praticado com o acorde de 7ª diminuta no estado fundamental (a), na 1ª inversão (b), na 2ª (c) e na 3ª (d) inversões, sempre com bom efeito.

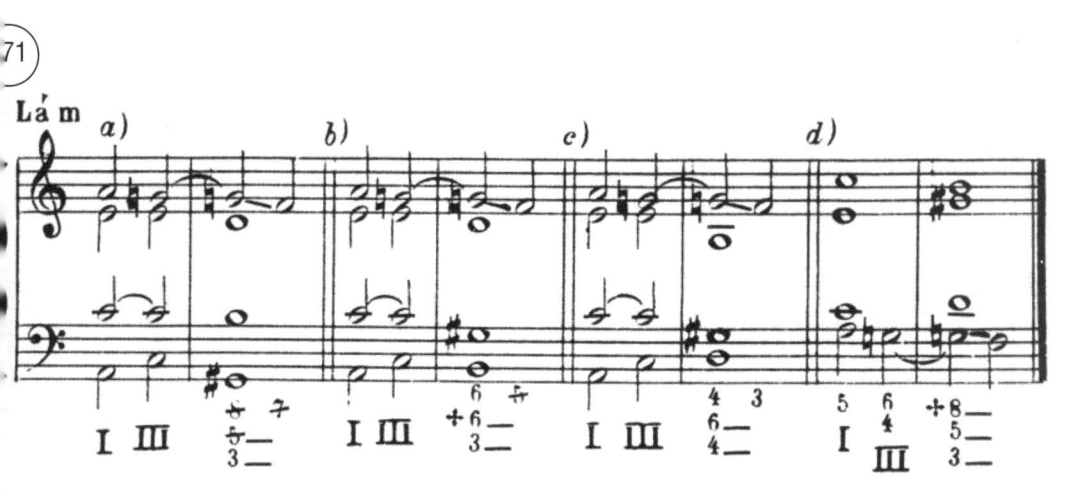

HARMONIA - DA CONCEPÇÃO BÁSICA À EXPRESSÃO CONTEMPORÂNEA

71) Lá m

Os **retardos duplos** nos acordes de **7ª da sensível** e de **7ª diminuta** não são empregados na harmonia vocal em conseqüência do seu efeito pouco agradável. Todavia, na **harmonia instrumental**, que é muito mais livre, o seu emprego se faz conforme o gosto e as intenções do compositor, especialmente entre os autores modernos.

Retardos Simples nos acordes de 9ª menor de Dominante, no estado fundamental.
1) **Retardo Superior da Fundamental**
É impraticável, porquanto redundaria no dobramento da 9ª.
2) **Retardo da 3ª pela 4ª**, no estado fundamental (a) e suas inversões (b–c–d)
Freqüentemente usado por ser de efeito muito agradável.

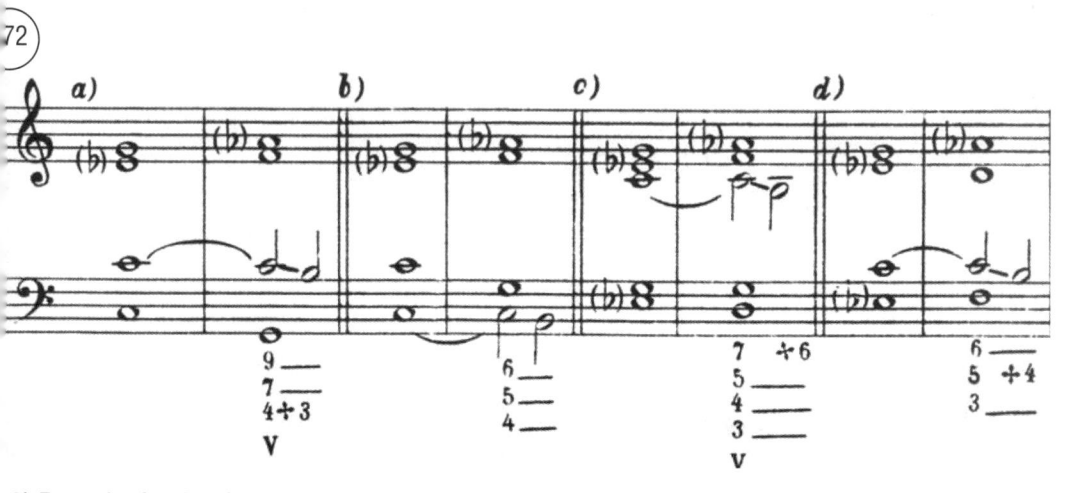

72)

3) **Retardo da 5ª pela 6ª, no estado fundamental e suas inversões.**
Este **retardo** obriga o emprego do acorde a 5 partes, já que na harmonia a 4 partes é justamente a 5ª que se suprime. Para usar este retardo, na harmonia a 4 partes, é necessário suprimir uma das notas atrativas, ou seja, a 3ª (sensível) ou a 7ª a 9ª é que não poderá ser suprimida, pois se o fizermos, o acorde perderá sua categoria de acorde de 5 sons e se transformará em acorde de 7ª da Dominante.
Este **retardo** (da 5ª pela 6ª) é praticado no estado fundamental (a) e suas inversões (b–c–d).

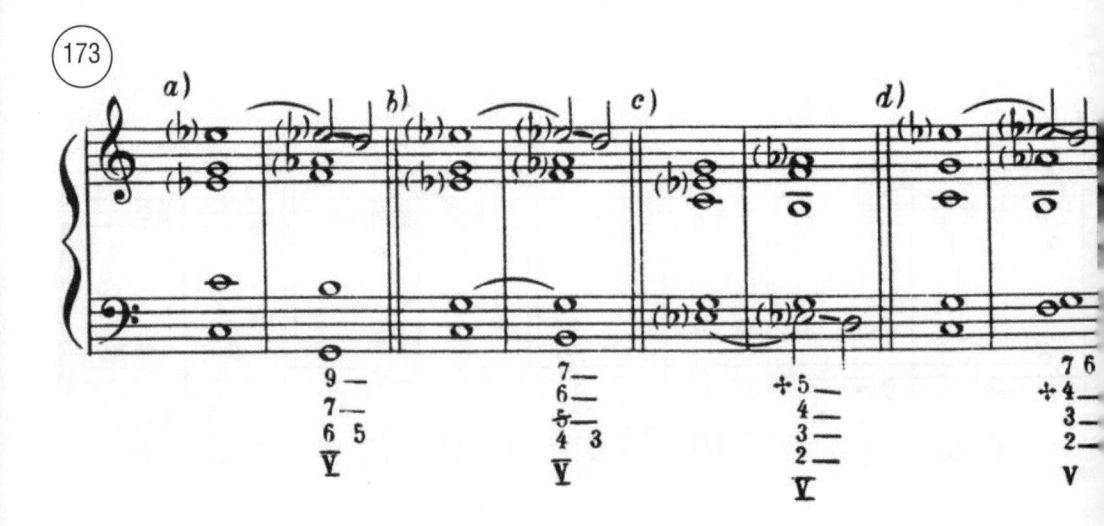

4) Retardo da 9ª pela 10ª.
No **modo maior** produz um acorde de 7ª da Dominante, logo, não se caracteriza como **retardo**.
No **modo menor**, este retardo pode ser praticado desde que se empregue, simultaneamente, a su tônica e a **sensível**. Trata-se de caso idêntico ao que se dá no retardo da 7ª pela 8ª no acorde da diminuta.
É praticado no **estado fundamental** (a) e suas inversões (b–c–d).

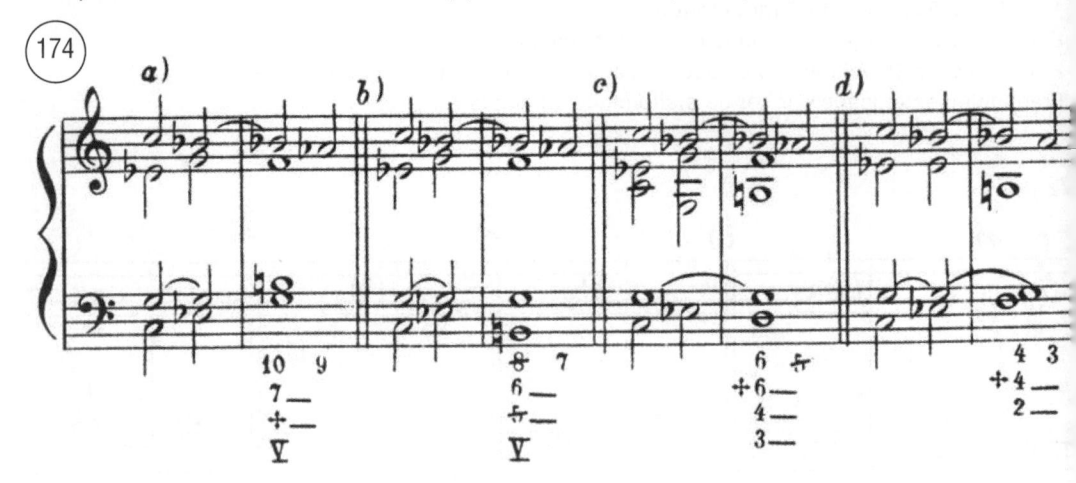

Nesses acordes de 5 sons também não se praticam os **retardos duplos**.

Retardos praticados nos acordes de 7ª juntada.
Nesses acordes praticam-se quaisquer **retardos Superiores** ou **inferiores**, desde que haja possi lidade de preparação do **retardo**.
Os acordes de **7ª juntada** nos quais mais freqüentemente se empregam são os dos II e IV graus, (modo maior ou menor) principalmente quando esses acordes são usados como fórmula de cadência

Retardos simples superiores nos acordes de 7ª juntada do II e IV Graus.
1) **Retardo superior da fundamental**, no estado fundamental e suas inversões.
No II grau este **retardo** produz o acorde de **7ª juntada do IV grau**, resolvendo sobre o acorde de 7ª do II gr
No IV grau, este **retardo** superior de fundamental produz o acorde de **7ª juntada do VI grau**, res vendo sobre o próprio acorde de 7ª do IV grau.

HARMONIA - Da Concepção Básica à Expressão Contemporânea   79

2) Retardo Superior da 3ª pela 4ª.
Empregado no I I grau, no estado fundamental (a) e suas inversões (b – c – d).

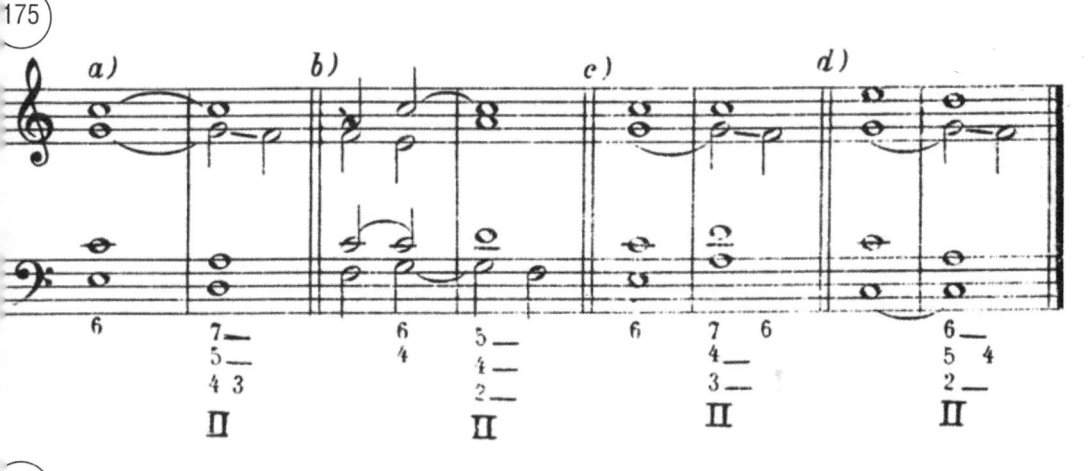

175

176 Empregado no IV grau no estado fundamental (a) e suas inversões (b–c–d).

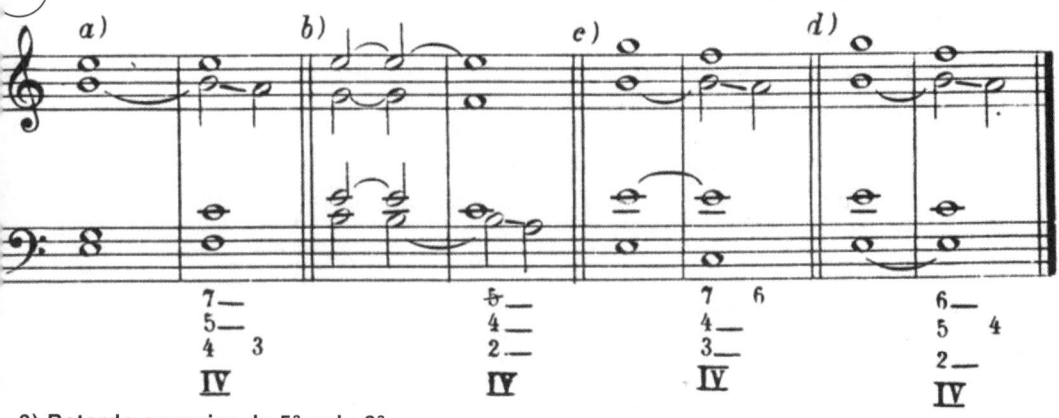

3) Retardo superior da 5ª pela 6ª.
No acorde de **7ª do II grau**, este retardo exige seja preparado pelo acorde de 7ª do I grau. Pode ser empregado no estado fundamental (a) e suas inversões (b–c–d).

177

Empregado no acorde de 7ª do IV grau este **retardo** exige preparação pelo acorde de 7ª do III grau e pode ser praticado no estado fundamental (a) e suas inversões (b–c–d).

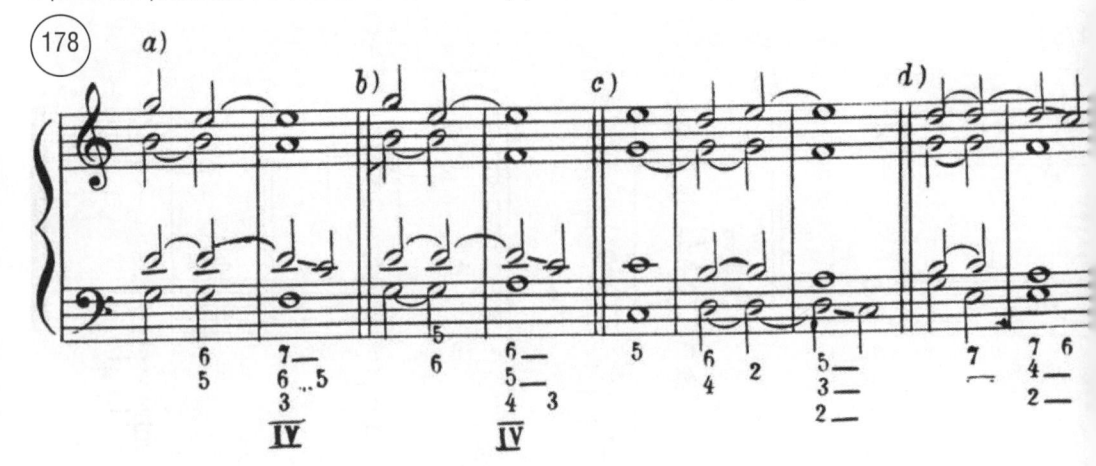

(178)

Todavia os **retardos** praticados nos acordes de 7ª do II e IV graus são muito ásperos quando empregados nos acordes no estado fundamental e na 3ª inversão. Já o seu emprego nos acordes na 1ª e 2ª inversão são bem mais suaves.

Os **retardos duplos** nesses acordes não são praticados, pois além de trazerem certas dificuldades para o seu emprego, também não produzem efeitos agradáveis.

EXERCÍCIOS

1) Baixo dado Cifrado para emprego de **retardos**.

(179) 33)

2) Baixos dados para emprego de **retardos**.

(180) 34)

3) Cantos dados para emprego de **retardos**.

184

38)

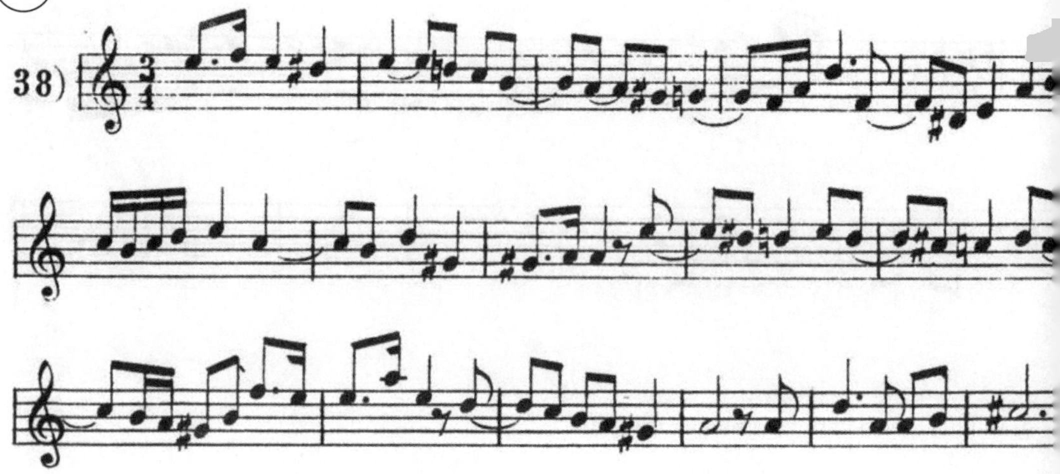

185

39)

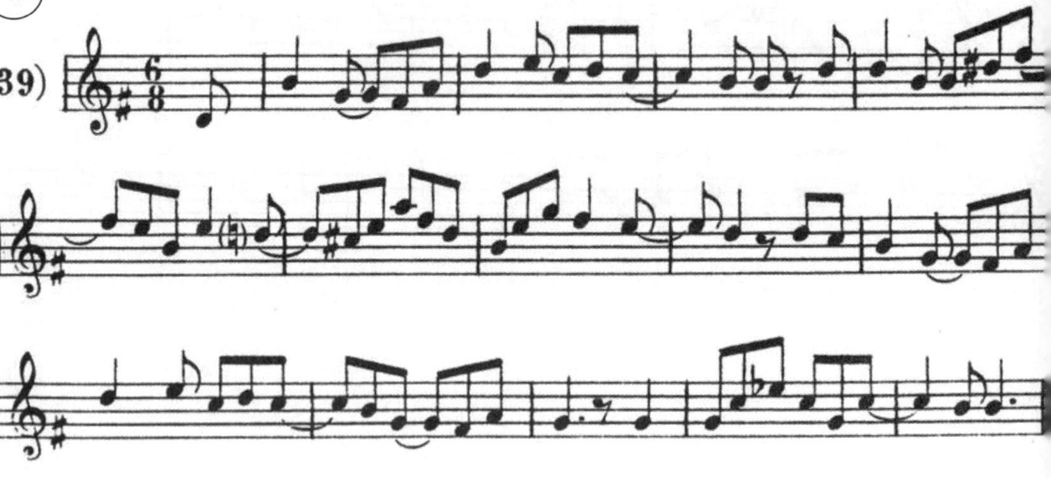

186

40)

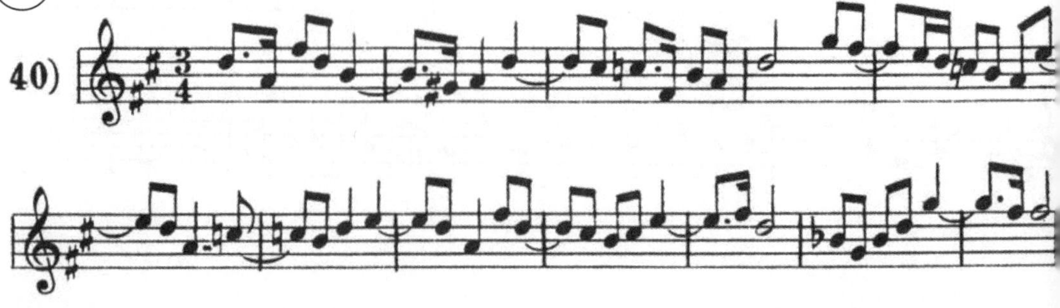

UNIDADE V
HARMONIA SINCOPADA

A **síncope** deve ser tratada com o máximo cuidado para que possa produzir bom efeito harmônico. Por isso, convém observar o seguinte:

1 — Não se deve **sincopar, simultaneamente, duas vozes extremas**. Para manter o equilíbrio rítmico, enquanto uma das vozes extremas está em **síncope**, a outra extrema passará a uma nota de som diferente, evitando assim a simultaneidade de sons ligados, e marcará o tempo forte ou parte forte de tempo.

Síncopes de tempo:

Síncopes de parte de tempo:

2 — A **síncope irregular** (isto é, quando as duas notas que a formam têm duração diferente) de ser evitada se a **segunda nota** tem **mais duração que a primeira**.

(189)

Entretanto, as **síncopes irregulares nas condições citadas**, quando empregadas com certa insistênc (caracterizando este ritmo **sincopado**), são de bom efeito e se aplicam bem, principalmente em ritmo ternári

(190)

Já vimos que as notas que formam a **síncope** podem ser ambas **notas reais** (integrantes do acord ao qual pertencem, como no 1°, 3° e 4° exemplos desta unidade), ou ser a **segunda nota um retard** (como no 2° exemplo).

Também na formação da **síncope**, a **primeira** das duas notas que a formam pode ser uma **nota d passagem** ou uma **antecipação**. Neste caso, formam dissonância e têm **resolução irregular**.

Vejamos neste exemplo:

A **primeira** das duas notas da **síncope** é uma **nota de passagem**. Formou **dissonância** e reso veu **irregularmente**.

191)

sinc.

Neste outro exemplo:
A **primeira** das duas notas da **síncope** é uma **antecipação**. Formou **dissonância** e resolveu **irregularmente**.

192)

ant.   ant.   ant.   ant.

Grafia muito usada para o ritmo sincopado:

193)

EXERCÍCIOS PARA O EMPREGO DE SÍNCOPES:

194) 41) Canto dado:

195) 42) Baixo dado:

UNIDADE VI

MODULAÇÃO PARA TONS AFASTADOS

1) **Pela nota comum.**
2) **Por qualquer acorde comum de 3 sons.**
3) **Pela enarmonia da fundamental ou da 7ª do acorde de 7ª diminuta.**

1) **Modulação efetuada pela nota comum.**

a) Primeiramente, procuram-se as **notas comuns** nos dois **tons afastados**, dentre os quais se processa a **modulação**.

b) Procuram-se os acordes onde entra a **nota comum** aos dois tons: o primeiro acorde será do tom que **modula**, e o segundo acorde será do tom para o qual se processa a **modulação**.

Vejamos, como exemplo, as seguintes **modulações** pela nota comum: De **DÓ MAIOR** para **SI MAIOR**

Como vimos, as **notas comuns** entre DÓ MAIOR e SI MAIOR são: **mi** e **si**.

a) A **modulação** foi processada pela nota **mi**, como **3ª** do acorde do I grau de Dó Maior, que, como **nota comum** aos dois tons, passou a ser a fundamental do acorde do IV grau de Si Maior.

b) A **modulação** se processou pela nota **si**, como **3ª** do acorde do V grau de Dó Maior, e esta sendo **nota comum** aos dois tons, passou a ser a **fundamental** do acorde do I grau de Si Maior.

HARMONIA - Da Concepção Básica à Expressão Contemporânea 87

De **RÉ MENOR** para **DÓ # MENOR**

[sheet music example 97]

Temos aí as **notas comuns** entre RÉ MENOR E DÓ # MENOR: **mi e lá**.

a) A **modulação** foi processada pela nota **mi**, como **fundamental** do acorde do II grau de **Ré menor**. Esta nota (**mi**), sendo **comum** aos dois tons, passou a ser a 3ª do acorde do I grau de **Dó # menor**.

b) A **modulação** se processou pela nota **lá**, que é aí a **3ª** do IV grau de **Dó # menor**. Esta nota é comum aos dois tons, uma vez que, é a **5ª** do acorde do I grau de **Ré Menor**.

2) Modulação efetuada por qualquer acorde comum de 3 sons.

a) Primeiramente, procuram-se os **acordes comuns** nos dois **tons afastados**, entre os quais se processa **modulação**.

b) Cada acorde pertencerá a dois graus, ou seja, cada acorde terá o grau que lhe cabe, em cada um dos dois tons.

Vejamos, como exemplo, as seguintes modulações efetuadas por meio de **qualquer acorde comum de 3 sons**.

De **RÉ MAIOR** para **MI MAIOR**

(198)

[partitura musical]

Como vimos, os **acordes** comuns de **3 sons** entre RÉ MAIOR e MI MAIOR são **fá#–lá–dó#** e **lá–dó#–mi**.

a) A **modulação** se processou pelo acorde **lá–dó#–fá#** (1ª inversão de fá# – lá–dó#), como III grau de **Ré Maior** que é **acorde comum** ao II grau de **Mi Maior**.

b) A **modulação** se processou pelo acorde **la–do#–mi** (no estado fundamental), como IV grau de **Mi Maior**, que é acorde comum ao V grau de **Ré Maior**.

(199) De **DÓ MENOR** para **SI MENOR**

[partitura musical]

HARMONIA - Da Concepção Básica À Expressão Contemporânea   89

Neste caso, há apenas um acorde **comum de 3 sons** entre DÓ MENOR e SI MENOR: sol - si ♮ – ré (em Dó Menor), que é o mesmo sol–si–ré (em Si Menor).

a) A **modulação** se processou por meio deste acorde (sol—si ♮ — ré), no estado fundamental, como V grau de **Dó Menor**, que é **acorde comum** ao VI grau de **Si Menor**, tom para o qual se deu a **modulação**.
b) **Modulando** de **Si menor** para **Dó Menor** foi usado novamente o **acorde comum de 3 sons** (sol–si ♮ re V grau de **Si Menor** e V grau de **Dó Menor**), por ser este o único **acorde comum** entre estes dois tons.

3) Modulação efetuada pela enarmonia da fundamental ou da 7ª do acorde de 7ª diminuta.
Pode-se **modular** para **tons agastados** através de uma simples **enarmonia da fundamental ou da 7ª** um acorde de 7ª diminuta.

Vejamos a seguinte **modulação** efetuada pela **enarmonia da fundamental**:

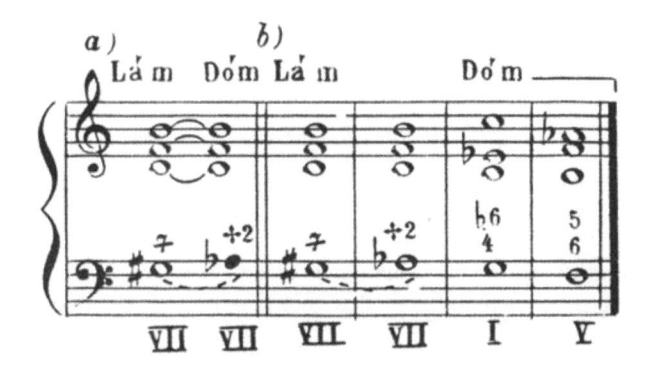

Observem que:

a) No acorde sol#–si–ré–fá (7 de Lá menor) foi feita a **enarmonia** do **sol#** (**fundamental**) pela nota **lá** ♭, deixando prolongadas as demais notas do acorde. A **enarmonia** praticada não modificou a categoria do acorde, isto ele se conservou um acorde de **Sétima Diminuta** (si–ré–fá–lá ♭,). O **acorde enarmonizado** mudou apenas eu estado (do estado fundamental passou para a 3ª inversão), porém, a simples **enarmonia** de uma ota (da fundamental) provocou uma **modulação para tom afastado** (de **Lá Menor** para **Dó Menor**).

b) O acorde de **7ª diminuta enarmonizado** resolveu naturalmente sobre o I grau.
Vejamos agora esta outra **modulação**, também efetuada pela **enarmonia** do mesmo acorde de 7, porém, harmonizando a 7ª do acorde:

Notem que:

a) no acorde sol #–si–ré–fá (7 de Lá Menor) foi feita a **enarmonia** do **fá** (7ª do acorde) pela nota **mi** deixando prolongadas as demais notas do acorde. Também aí, a anarmonia praticada não modificou a categoria do acorde, que continuou um acorde de **Sétima Diminuta** (mi # – sol # – si – ré). Da mesma forma o acorde **enarmonizado** mudou apenas seu estado (do estado fundamental passou para a 1ª inversão). Novamente a simples enarmonia de uma nota (da 7ª do acorde) provocou uma **modulação para tom afastado** (de Lá Menor para Fá # Menor).

b) O acorde de **7ª diminuta enarmonizado** resolveu naturalmente sobre o I grau.

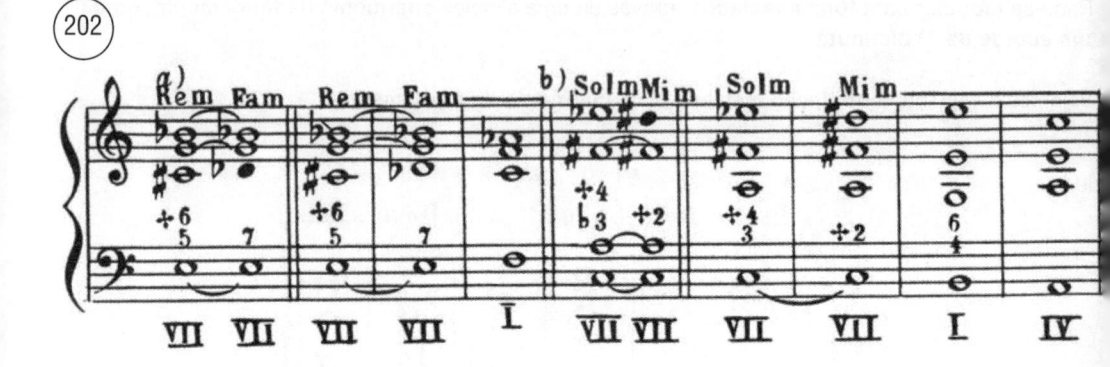

(202)

Este processo de **modulação** produz sempre bom efeito, esteja o acorde que sofre **enarmonia** no estado fundamental (como se verifica nos exemplos anteriores) ou em qualquer inversão.

Vejamos nos seguintes exemplos: em a) – o acorde que será enarmonizado se encontra na 1ª inversão, provocando modulação de Ré Menor para Fá Menor; em b) – o acorde que será enarmonizado se encontra na 2ª inversão, provocando modulação de Sol Menor para Mi Menor.

EXERCÍCIOS

1) Baixos dados cifrados para emprego de modulações para **tons afastados**:
a) Efetuada pela **nota comum**.

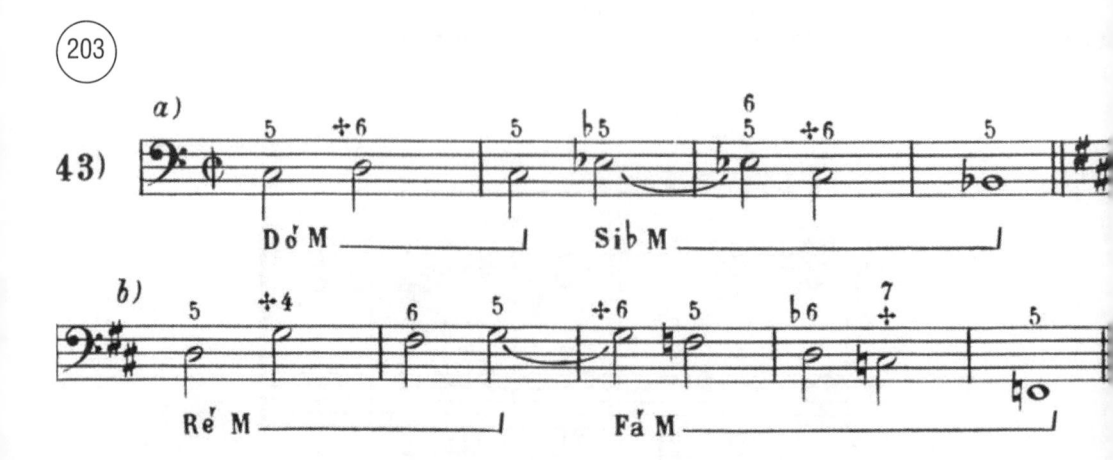

(203)

43)

b) Efetuada por **acorde comum**.

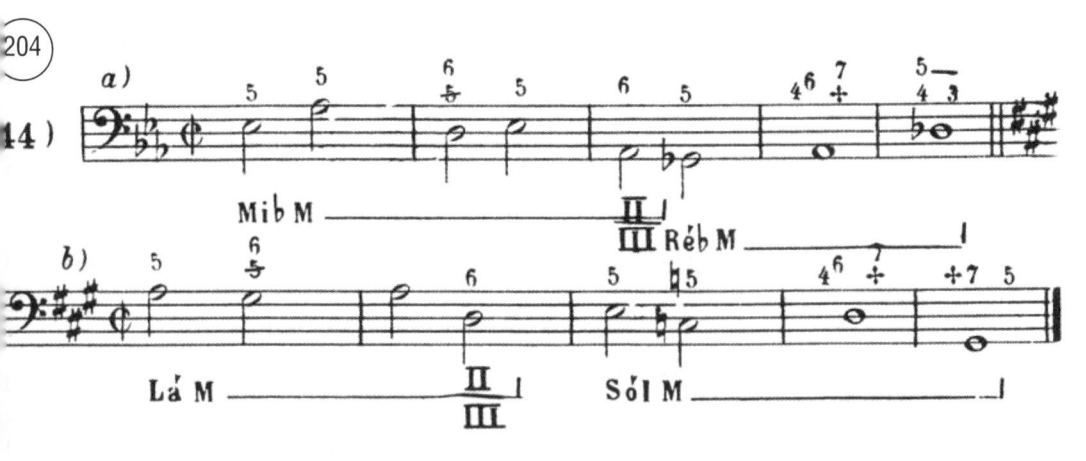

(204)

a) Mib M — II/III Réb M

b) Lá M — II/III Sól M

c) Efetuada pela enarmonia da fundamental ou da 7ª do acorde de 7ª diminuta.

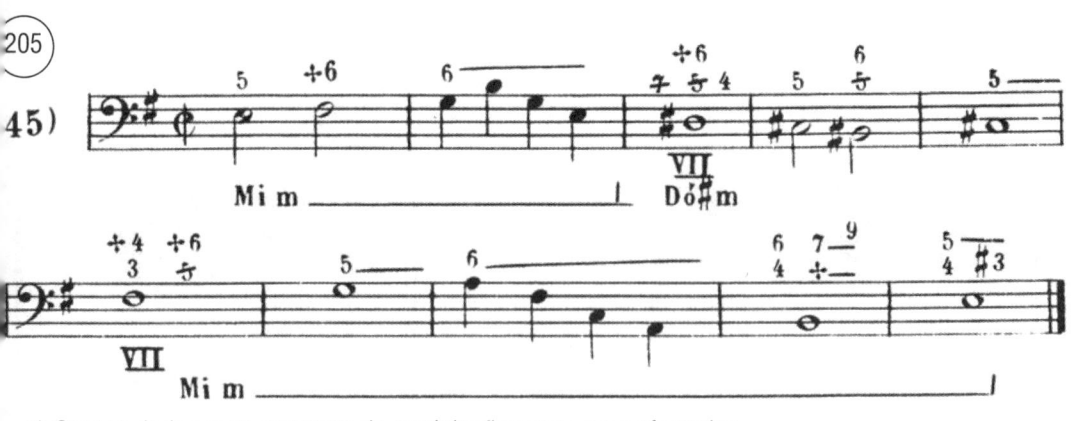

(205)

Mi m — VII Dó♯ m

VII Mi m

2) Cantos dados para emprego de modulações para tons afastados.

(206)

Sol M — Lá M

Dó m

Sol M

UNIDADE VII
ALTERAÇÕES ou
NOTAS ALTERADAS NOS ACORDES

(Alterações simples – Alterações duplas – Alterações tríplices – Alterações quádruplas – Alterações muito usadas.)

Chamam-se **notas alteradas** aquelas que não pertencem às escalas diatônicas do modo maior o do modo menor. Essas notas pertencem às **escalas cromáticas**.

Já as temos usado como **notas melódicas** (notas de passagem, bordaduras, etc.), porém sabemos que não fazem parte da estrutura harmônica, isto é, não são notas integrantes de acorde. Sua função, é, como seu nome sugere, exclusivamente ornamental nas melodias.

Todavia, é possível **alterar o som** de uma ou mais notas dos acordes de 3, de 4 (inclusive dos acordes d 7ª juntada) ou de 5 sons. Para isso, basta **elevar** ou **abaixar um semitom cromático** qualquer de suas notas desde que, a **nota alterada** tenha condição de resolver **subindo** ou **descendo** um semitom diatônico, se a alteração empregado for, respectivamente, ascendente ou descendente.

(207)

Como vimos no exemplo acima:
a) O acorde dó–mi–sol# é o I grau de Dó Maior, com **alteração ascendente da 5ª**. O sol# não pertence à escala diatônica de Dó Maior, e sim, à escala cromática, logo, trata-se, realmente, de uma **nota alterada**. E, como **alteração ascendente**, resolveu subindo um semitom diatônico (sol#–lá).

b) O acorde dó–mi–sol ♭ é o I grau de Dó Maior, com **alteração descendente da 5ª**. O sol ♭ também não pertence à escala diatônica de Dó Maior e sim, à escala cromática, assim, ele é **nota alterada** no acorde. E, como **alteração descendente**, resolveu descendo um semitom diatônico (sol ♭ – fá)

A **nota alterada** pode ser usada **com preparação** ou **sem preparação**.
Se ela vem precedida da mesma nota natural, a alteração foi **preparada**.
Se a **alteração** foi empregada de imediato, trata-se de alteração **não preparada**.

[Exemplo musical 08: a) e b) com "nota alt." indicada, cifras 5, ÷4, 6, #5, ÷4, 6, graus IV V I // IV V I]

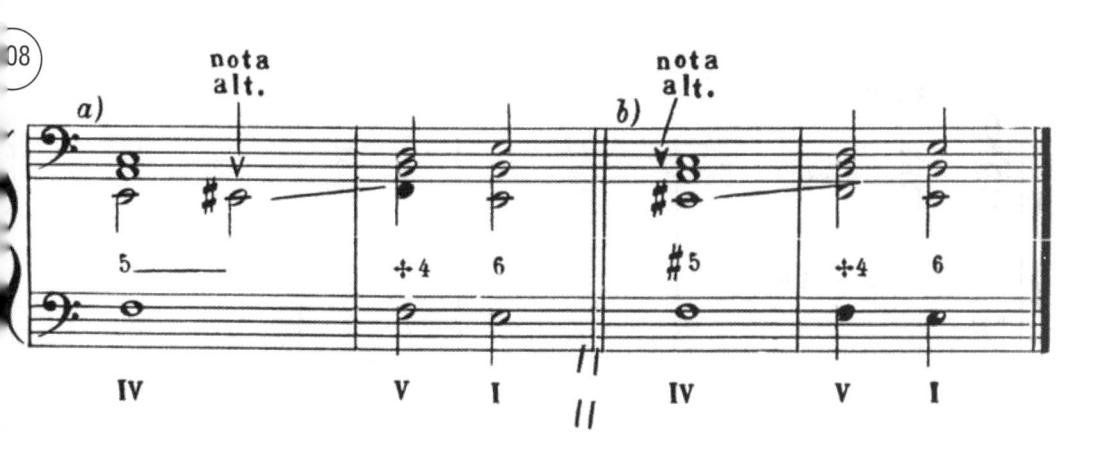

No exemplo dado verifica-se que: em a) a **alteração ascendente da 5ª** no IV grau, está **preparada** (precedida da nota natural, na mesma parte); em b) no mesmo acorde, temos a **alteração não preparada**.

Como podemos verificar pelos exemplos expostos, a **nota alterada** pode ser praticada tanto em parte extrema como em parte intermediária. Os **acordes alterados** são **acordes artificiais**, e seu efeito se torna mais característico quando a **nota alterada** provoca **dissonância**, como se pode observar nos exemplos dados.

Eis porque, as **alterações, descendente e ascendente da 3ª** respectivamente, nos acordes Perfeitos Maiores e Perfeitos Menores não têm menhuma característica de **nota alterada**. Essas alterações produzem apenas a transformação do Perfeito Maior em Perfeito Menor e vice-versa, continuando sempre consonantes.

[Exemplo musical 09: Sol M — Perf.M Perf.m — Sol m, com "nota alt." indicada, cifras 5, 6 nota alt., 5, 7÷, graus IV V I I— IV V I]

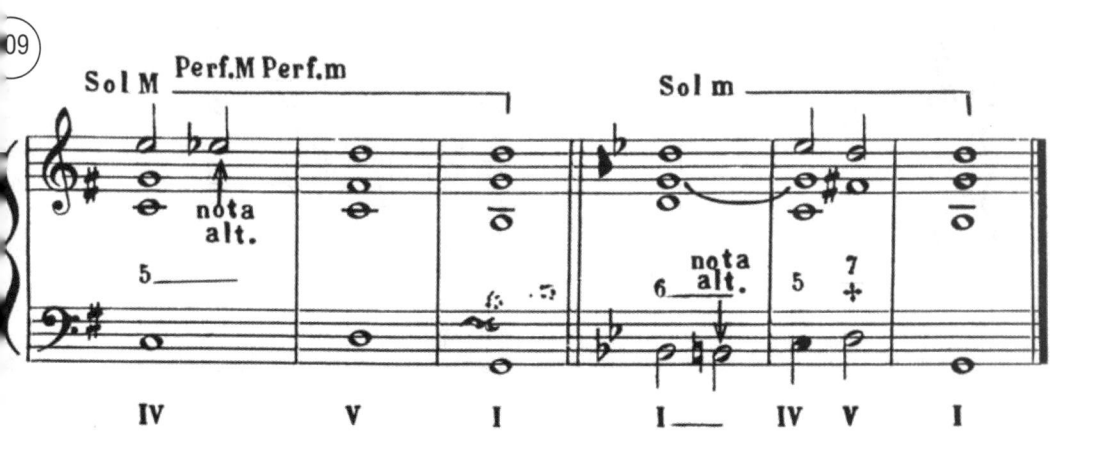

Também é importante observar que a **nota alterada** não deve provocar modulação, pois se isto se der, a **nota alterada** perderá o caráter de **nota alterada** e passará a ser nota diatônica, ou seja, nota natural do tom para o qual se processou a modulação.

(210)

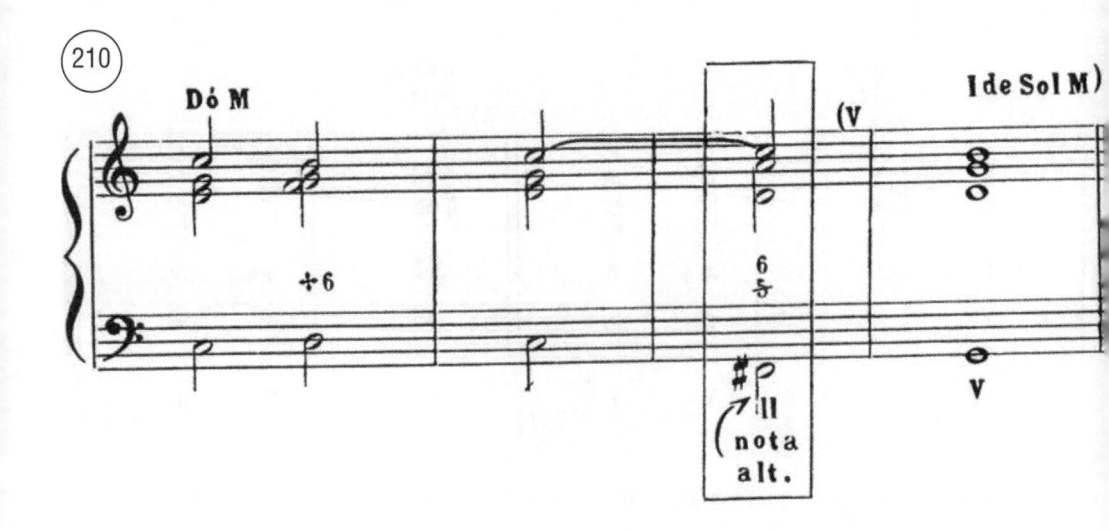

Verifiquem que neste exemplo, em Dó Maior, o penúltimo acorde é o acorde do II grau, com 7ª j[...] tada, na 1ª inversão, com **alteração ascendente da 3ª** (não preparada). Esta **alteração** transformo[...] acorde de 7ª do I I grau de Dó Maior em acorde de 7ª da Dominante de Sol Maior, e a conseqüênci[...] o efeito modulante. O fá# deixou de ser **nota alterada** em Dó Maior, passando a ser nota diatônica, i[...] é, nota natural do tom de Sol Maior, anulando a individualidade do **acorde alterado**.

O dobramento da **nota alterada** enfraquece o sentido do acorde, não sendo, portanto, usado. A n[...] **alterada** sendo única no acorde, dá ao sentido harmônico certa aparência de originalidade.

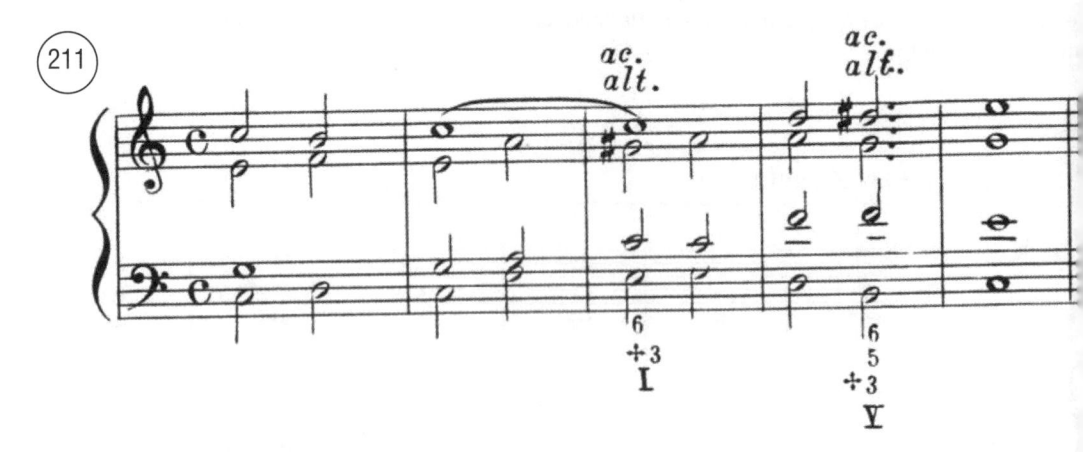

(211)

Como dissemos, os **acordes alterados** são **acordes artificiais**, mas, às vezes, a alteração de u[...] nota gera um outro acorde, de formação idêntica a um acorde natural, e, por ter a mesma formaç[...] obviamente, **terá o mesmo efeito auditivo**.

Isto ocorre quando a alteração introduzida produz acordes consonantes (Perfeitos maiores e n[...] nores), e os acordes dissonantes naturais – de 5ª diminuta, de 7ª da Dominante, da 7ª da sensível de 7ª diminuta.

Esses acordes são chamados **homófonos**, e serão a matéria constante da unidade seguinte a es[...]

212)

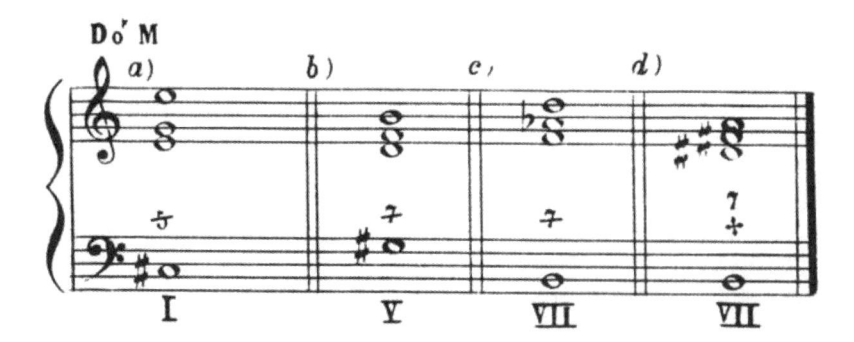

Dó M

a) alteração ascendente da fundamental no acorde Perfeito maior – produz acorde de 5ª diminuta.
b) alteração ascendente da fundamental no acorde de 7ª da Dominante – produz acorde de 7ª diminuta.
c) alteração descendente da 7ª no acorde de 7ª da sensível – produz acorde de 7ª diminuta.
d) A **dupla alteração** ascendente da 3ª e da 5ª no acorde de 7ª da sensível — Produz acorde de ª da dominante.

Para facilitar o emprego dos **acordes alterados** artificiais devemos tomar por base o seguinte:
a) as notas separadas da sua imediata acima ou abaixo, por intervalo de semitom, não podem ser lteradas.
b) só podemos alterar ascendentemente, a nota separada de sua imediata acima, por intervalo de tom.
c) só pode ser alterada descendentemente, a nota separada de sua imediata abaixo, por intervalo e tom.
d) no modo maior podem ser **alterados** os seguintes graus:

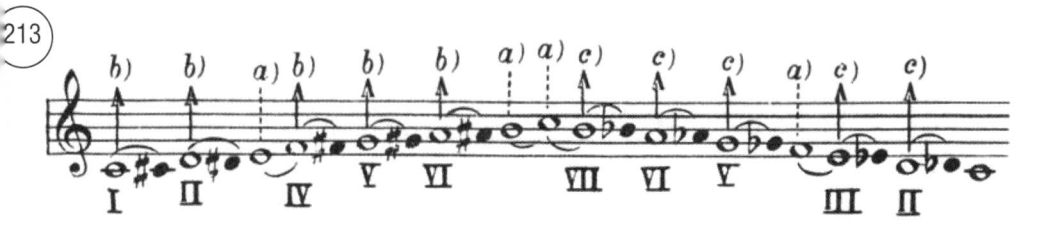

213)

e) no modo menor podem ser **alterados** os seguintes graus:

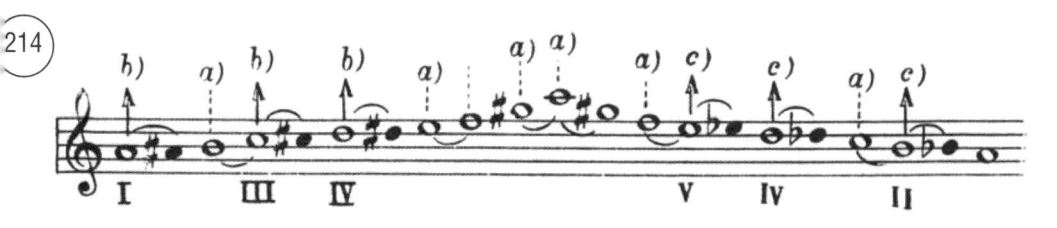

214)

Com apoio nestas duas escalas cromáticas pode-se, com segurança, fazer uso das **notas alteradas**, e, conseqüentemente, dos **acordes alterados artificiais**.
Parece-nos, pois, desnecessário, registrar aqui todos os tipos de alterações aplicáveis, particularmente, a cada um dos acordes de 3, 4 e 5 sons, uma vez que, todas elas se regem pelas normas citadas, e rigorosa observância dessas duas escalas devidamente cromatizadas.

A **alteração** é chamada **simples** quando ela é a única nota alterada no acorde. Neste caso, se encontram todas as **alterações** aqui exemplificadas.

As **alterações** são chamadas **duplas e triplas** (ou **tríplices**) quando se usam simultaneamente ou 3. alterações.

Alterações duplas:
Quando ambas as **alterações** são **ascendentes ou descendentes** devem guardar entre si intervalo de 3ª (ex.**a**), 6ª (ex.**b**) ou 4ª (ex.**c**). Porém, se uma das **alterações** é **ascendente e a outra descendente**, podem guardar entre si **qualquer intervalo**.

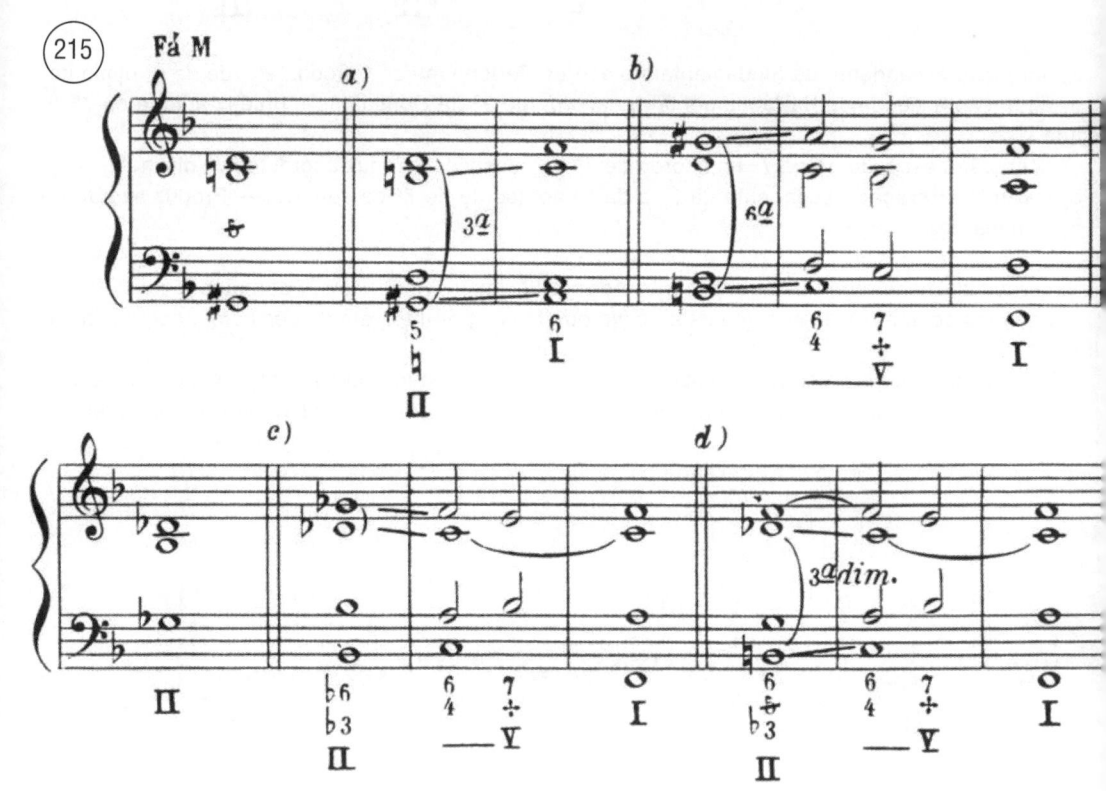

215

a) **dupla alteração ascendente da fundamental e da 3ª** – no acorde do II grau (Perfeito menor) de Fá maior, no estado fundamental produziram um acorde homófono a um acorde de 5 de Lá menor as **alterações** guardam entre si intervalo de 3ª.
b) a mesma **alteração dupla**, no mesmo acorde, na 1ª inversão – as **alterações** guardam intervalo de 6ª.
c) a **dupla alteração descendente da fundamental e da 5ª**, no mesmo acorde, produziram acorde Perfeito menor (consonante). Só devem ser empregadas se o acorde estiver na 1ª inversão, para evitar 5ªˢ justas consecutivas – as **alterações** guardam intervalo de 4ª.
d) **dupla alteração ascendente da 3ª e descendente da 5ª** – no acorde do II grau (com 7ª juntada) de Fá maior provocaram um acorde artificial de 3ª maior, 5ª diminuta e 7ª menor; encontra-se aí na 1ª inversão – **as alterações** guardam entre si intervalo de 3ª diminuta.

Observem que este acorde de 7ª juntada do II grau foi aí empregado sem a devida preparação da 7ª. Isto se deu pelo fato do acorde de 7ª estar **alterado**.

HARMONIA - DA CONCEPÇÃO BÁSICA À EXPRESSÃO CONTEMPORÂNEA 97

Como sabemos, certas **alterações** nos acordes de 7ª juntada provocam **acordes homófonos** a ou-os acordes de 7ª dissonantes naturais. Por exemplo:

216

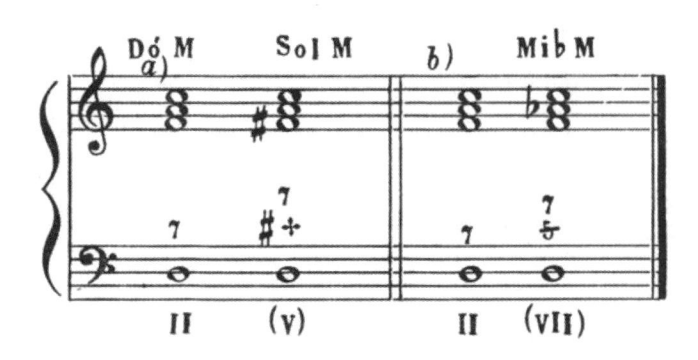

a) o acorde de 7ª juntada do II grau de Dó maior teve **alteração ascendente** da 3ª, que produziu o acorde omófono ao acorde de 7ª da dominante de Sol maior.

b) esse mesmo acorde teve **alteração descendente da 5ª**, produzindo o **acorde homófono** ao acorde de 7ª a sensível de Mi ♭ maior. Estes acordes, em conseqüência da **homofonia**, dispensam preparação da 7ª. Assim, or analogia, e também pelo belo efeito do **acorde alterado**, ficam todos os acordes de 7ª juntada contendo al-erações que produzam **acordes artificiais** ou **acordes homófonos, desobrigados da preparação da 7ª.**

Entretanto, sempre que possível, deve a 7ª **resolver descendo ou ser prolongada**.

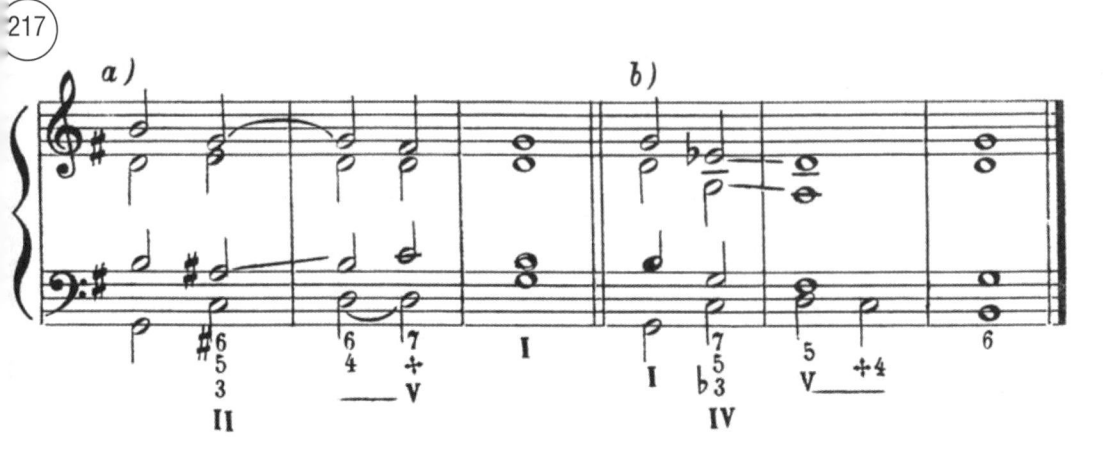

217

Vejamos que, em:

a) o acorde de 7ª do II grau (1ª inversão) de Sol maior, com **alteração ascendente da fundamental**, é acorde **artificial** (de 3ª maior, 5ª justa e 6a aumentada). A 7ª não está preparada e foi prolongada.

b) o acorde de 7ª do IV grau (estado fundamental) de Sol maior, com **alteração descendente da 3ª**, é acorde **artificial** (3ª menor, 5ª justa e 7ª maior). A 7ª não está preparada e resolveu descendo por grau conjunto.

Alterações triplas (ou **tríplices**):

As **tríplices alterações** são empregadas em acordes de 4 sons (nos naturais e nos artificiais de 7ª untada).

Os acordes nos quais mais freqüentemente se empregam as **tríplices alterações** são os de 7ª juntada do II grau (na 1ª e 2ª inversões) e no IV grau (no estado fundamental, 2ª e 3ª inversões) do modo maior.

Vejamos este exemplo da **tríplice alteração do acorde do II grau**:

218

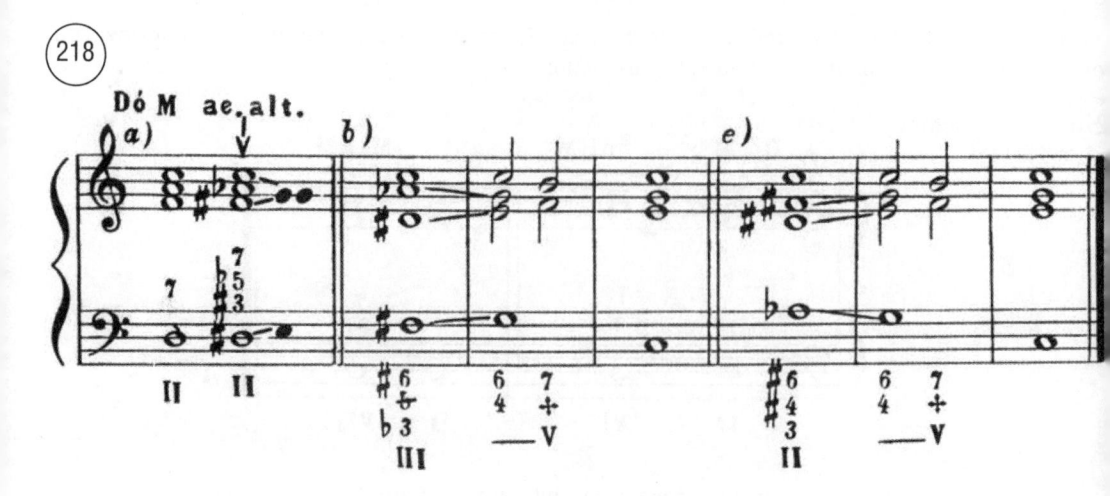

a) o acorde de 7ª juntada do II grau de Dó maior, seguido do próprio acorde com a **tríplice alteração – ascendente da fundamental, ascendente da e descendente da 5ª**. Tais **alterações** provocam um **acorde artificial** de 3ª menor, 5ª subdiminuta e 7ª diminuta, de belíssimo efeito.

b) o mesmo **acorde alterado**, na 1ª inversão (cujas **alterações** provocaram acorde de 3ª diminuta, 5ª diminuta e 6ª maior), empregado como fórmula de cadência.

c) o mesmo **acorde alterado**, na 2ª inversão (cujas **alterações** provocaram acorde de 3ª maior, 4ª superaumentada e aumentada), empregado também como fórmula de cadência.

Observem que, em todos os casos, as **alterações** resolveram naturalmente e a 7ª se prolongou.

Vejamos este exemplo da **tríplice alteração do acorde do IV grau**:

219

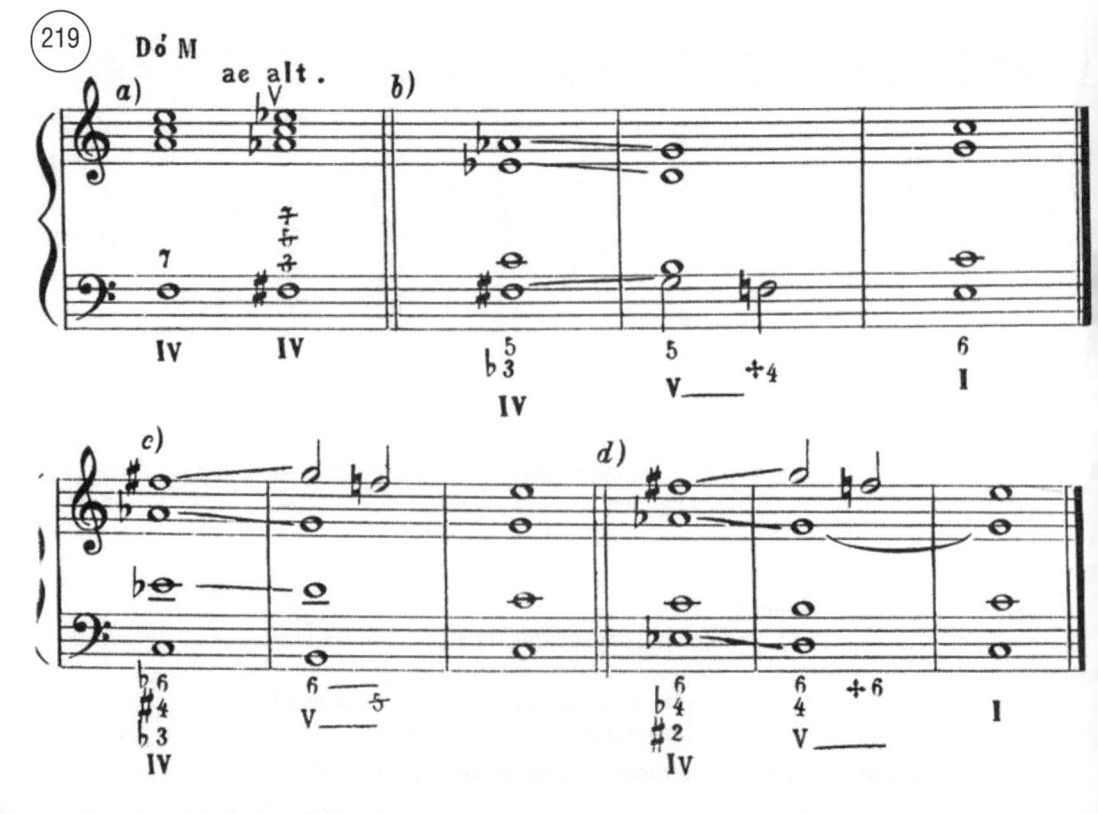

a) **acorde de 7ª juntada do IV grau de Dó maior**, seguido do próprio acorde com a **tríplice alteração ascendente da fundamental, descendente da 3ª e descendente da 7ª**. Tais alterações provocaram 1 acorde artificial de 3ª diminuta, 5ª diminuta e 7ª diminuta.

b) o mesmo **acorde alterado**, no estado fundamental, que, em conseqüência da **resolução natural s alterações**, resolve obrigatoriamente sobre o V grau, também no estado fundamental.

c) o mesmo **acorde alterado**, na 2ª inversão (cujas **alterações** provocaram um acorde de 3ª menor, 4ª mentada e 6ª menor), resolve sobre o V grau, na 1ª inversão.

d) o mesmo **acorde alterado**, na 3ª inversão (cujas **alterações** provocaram um acorde de 2ª aumentada, 4ª justa e 6ª maior), resolve sobre o V grau na 2ª inversão(4^6). Este acorde de 4^6, fica com a 4ª dobrada e sem que qualquer das duas venha preparada. Tudo isto, entretanto, se permite, em virtude deste acorde de 4^6 ser resultante da resolução obrigatória das **notas alteradas**.

Como vimos, em todos os casos as **alterações** resolveram naturalmente, e a 7ª do acorde resolveu descendo um grau conjunto.

Embora bem menos usadas, também se pode fazer a **tríplice alteração** nos seguintes acordes: I grau VI grau com 7ª juntada e 7ª da dominante, todos do modo maior.

Temos em:

a) acorde de 7ª juntada do I grau de Dó maior, no estado fundamental, seguido do próprio acorde com a **tríplice alteração — ascendente da fundamental, descendente da 5ª** e descendente da 7ª ais **alterações** provocaram um **acorde artificial** de 3ª menor, 5ª subdiminuta e 7ª diminuta.

b) o mesmo **acorde alterado**, na 1ª inversão (cujas **alterações** provocaram um acorde de 3ª diminu[ta], 5ª diminuta e 6ª maior), resolve sobre o II grau, na 1ª inversão.

c) acorde de 7ª juntada do VI grau de Dó maior, no estado fundamental, seguido do mesmo acorde c[om] **tríplice alteração – ascendente da fundamental, ascendente da 3ª e descendente da 5ª**, provocan[do] um acorde artificial de 3ª menor, 5ª subdiminuta e 7ª diminuta.

d) o mesmo **acorde alterado**, também no estado fundamental, resolve sobre o V grau na 1ª inversã[o].

e) acorde de 7ª da dominante de Dó maior no estado fundamental, seguido do próprio acorde, acor[de] com a **tríplice alteração – ascendente da fundamental, descendente da 3ª e descendente da 5ª**. Ta[is] alterações provocaram um **acorde artificial** de 3ª diminuta 5ª subdiminuta, e 7ª diminuta.

f) o mesmo **acorde alterado** resolvendo sobre o VI grau, também no estado fundamental.

Notemos que, em todos os casos, as **alterações** tiveram **resolução natural** e a 7ª resolveu descen[do] ou foi prolongada.

É importante verificar que todos os acordes atingidos pela **tríplice alteração** são sempre **acordes h**[o]**mofonos**, adaptados aos processos da enarmonia, conforme será estudado na próxima Unidade VIII.

Supomos desnecessário registrar aqui cada **alteração** que se pode, ou não, aplicar a todos os ac[or]des individualmente, uma vez que, as instruções dadas sobre esta matéria, já contêm todos os esclar[e]cimentos indispensáveis sobre o emprego das **notas alteradas**, em qualquer acorde de 3, 4 e 5 sons.

Alterações simples e duplas que produzem acordes artificiais de ótimo efeito harmônico:

Esses **acordes artificiais** são praticados, geralmente, com **alterações** não preparadas, para que [a] dissonância possa dar maior realce às condições harmônicas.

Dessas **alterações** citaremos aqui as mais usadas:

No acorde Perfeito Maior:

Alterações simples:
a) alteração ascendente da 5ª, no acorde do I, do IV e do V grau do modo maior.

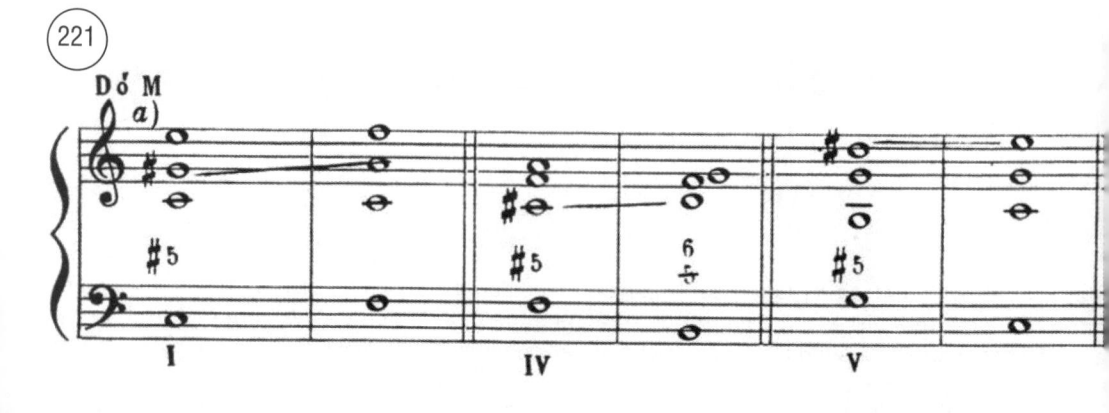

HARMONIA - Da Concepção Básica À Expressão Contemporânea   101

b) alteração descendente da 5ª, no acorde do I e do V grau.

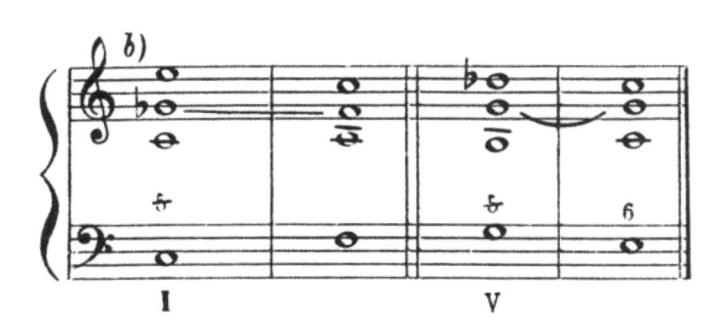

(222)

c) alteração ascendente da fundamental no acorde do V grau do modo menor. É de bom efeito quando a **nota alterada** faz parte de um fragmento melódico ascendente.

(223)

Alterações duplas:
d) dupla alteração ascendente da fundamental e descendente da 3ª, no acorde do IV grau do modo maior, na 1ª inversão.
e) dupla alteração ascendente e descendente da no acorde do V grau, do modo maior, na 1ª inversão.

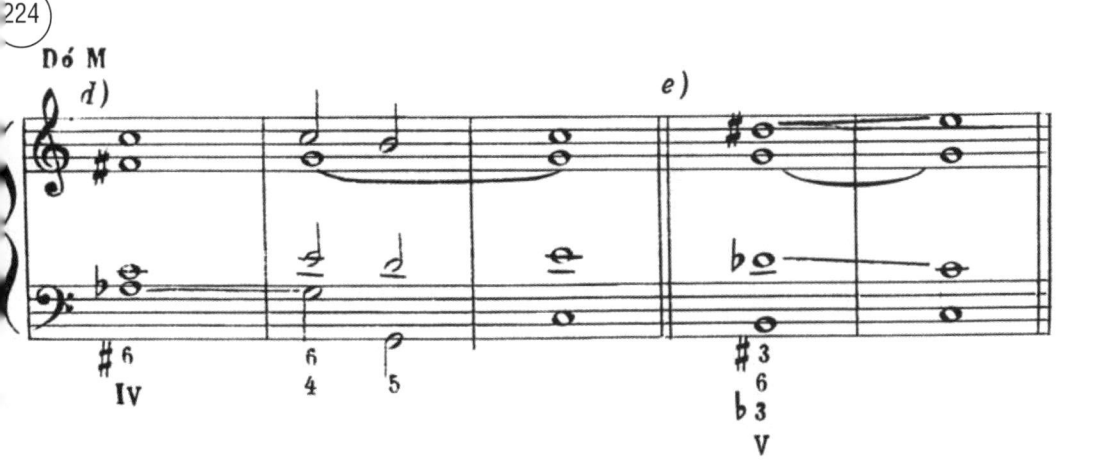

(224)

No acorde Perfeito Menor:

Alterações simples:
a) alteração descendente da fundamental do acorde do I grau do modo menor. Somente em fragmento da escala menor descendente, estando o acorde no estado fundamental.
b) alteração ascendente da fundamental, no IV grau do modo menor, na 1ª inversão.
c) alteração descendente da 5ª, no II grau do modo maior, na 1ª inversão.

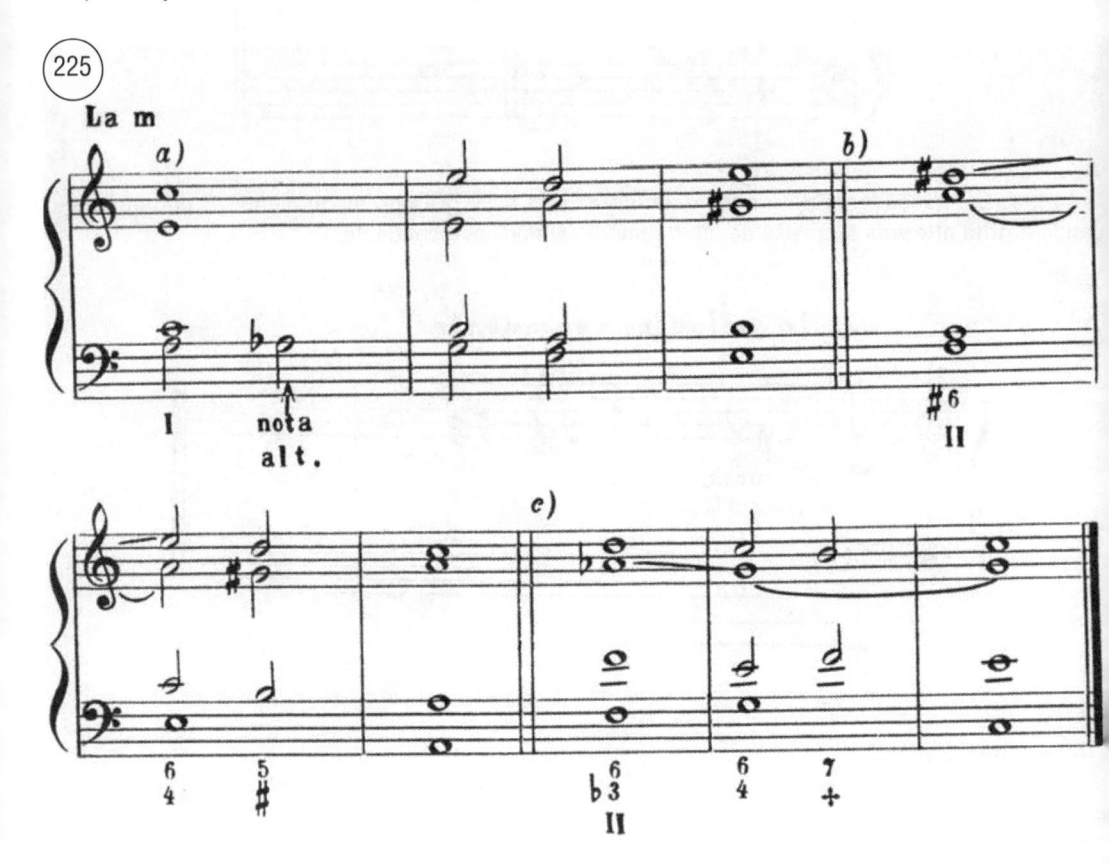

Alteração dupla:
Dupla alteração descendente da fundamental e da 5ª, no II grau do modo maior, na 1ª inversão.

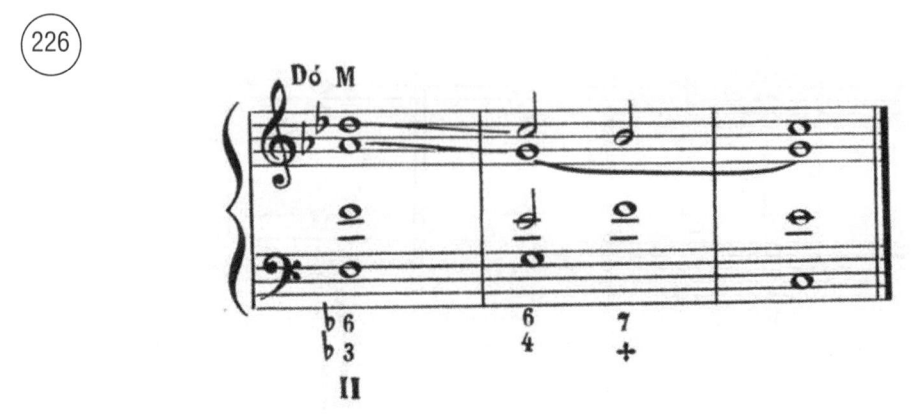

HARMONIA - Da Concepção Básica À Expressão Contemporânea

No acorde de 5ª diminuta:
Alterações simples:
Alteração descendente da fundamental, no II grau do modo menor, na 1ª inversão. Observem que em
a) a **nota alterada** (si ♭) resolve descendo um grau conjunto.
b) a **nota alterada** (si ♭) deixa de resolver naturalmente e salta para a sensível, em intervalo de 3ª diminuta descendente, resultando em belo efeito harmônico.

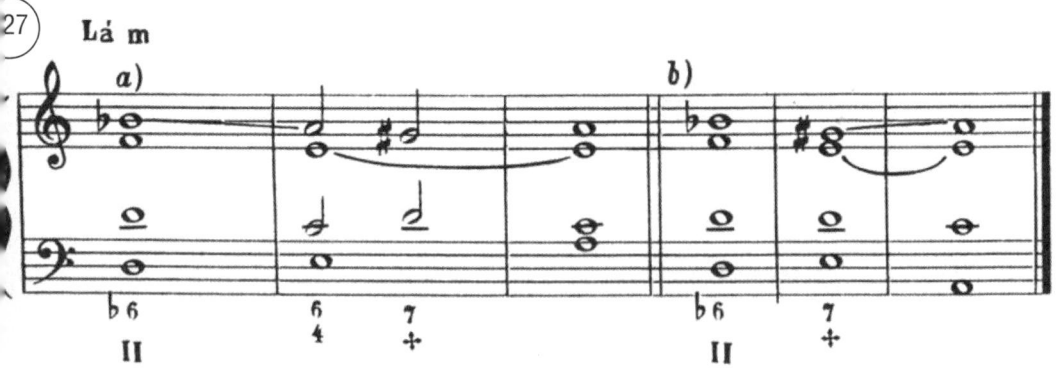

No acorde de 7ª da dominante:
Alterações simples:
a) alteração ascendente da 5ª no modo maior, no estado fundamental e inversões.

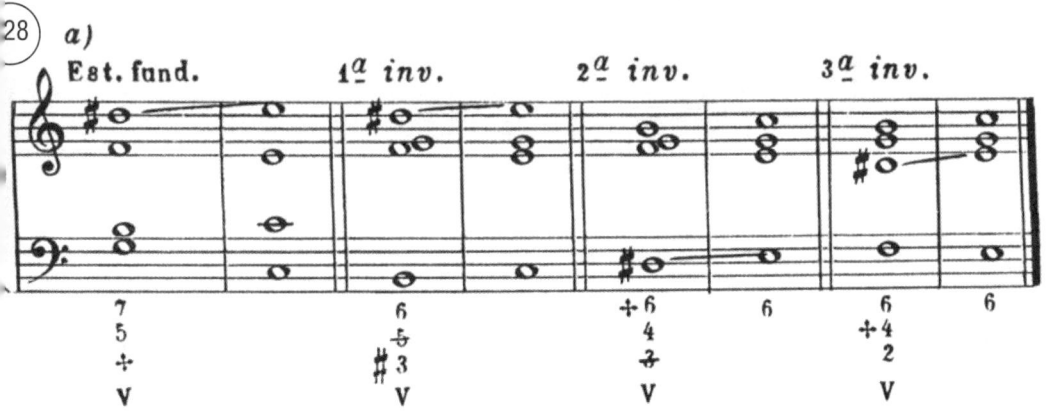

b) alteração descendente da 5ª, no modo maior e menor, no estado fundamental e inversões.

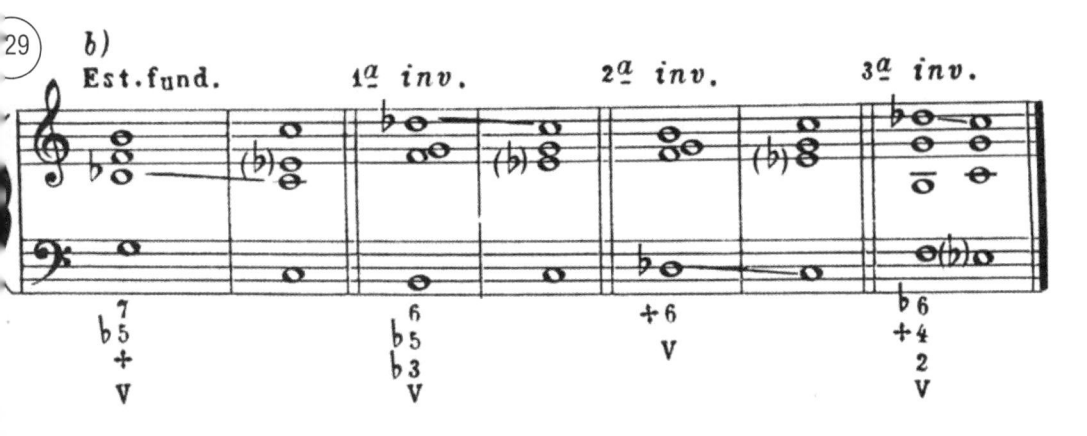

Alteração dupla:
A **dupla alteração** ascendente da fundamental e descendente da 5ª é usada no modo maior, e(stando) o acorde no estado fundamental e resolvendo no VI grau.

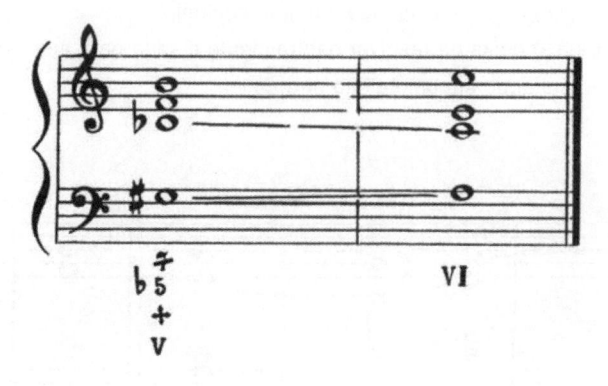

(230)

$\flat \overset{7}{\underset{+}{5}}$
V   VI

No acorde de 7ª da sensível:
Alterações simples:
a) **alteração** a ascendente da 3ª, no modo maior, estando o acorde no estado fundamental.

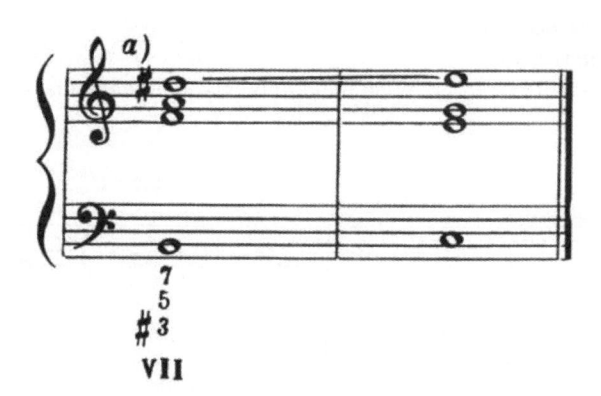

(231)

$\begin{matrix}7\\5\\\sharp 3\end{matrix}$
VII

b) **alteração** descendente da 3ª, no modo maior, estando o acorde no estado fundamental.

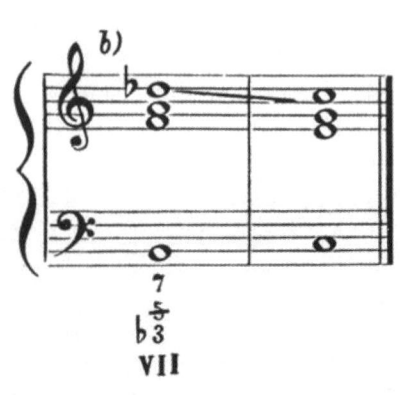

(232)

$\flat \overset{7}{\underset{\flat 3}{5}}$
VII

Embora estas **alterações** possam também ser empregadas nos acordes invertidos, podendo até a (3ª) do acorde ser colocada abaixo da fundamental sem estar preparada ou abaixada, o emprego das **altera ções**, no acorde de 7ª da sensível, é mais aconselhável quando está o acorde no estado fundamental.

HARMONIA - Da Concepção Básica À Expressão Contemporânea   105

Alterações duplas:
a) a **dupla alteração** descendente da 3ª e da 7ª, é empregada, de preferência, estando o acorde estado fundamental.

[Exemplo musical 33 - acorde VII com alteração a)]

b) a **dupla alteração** ascendente da 3ª e a descendente da 7ª, é empregada nas mesmas condições da dupla alteração anterior. E aconselhável que nesta dupla alteração, a 3ª do acorde seja colocada na parte superior.

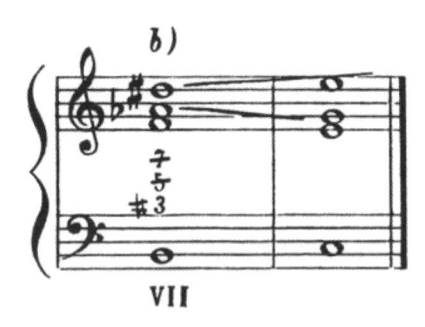

[Exemplo musical 34 - acorde VII com alteração b)]

Alterações tríplices:
Neste acorde pode ser usada a tríplice alteração = ascendente da 3ª, descendente da 3ª e descendente 7ª. Entretanto, seu emprego só poderá ser realizado em coral a 5 ou mais vozes, e a 3ª do acorde deverá ocupar a parte superior. O efeito desta **tríplice alteração** é de real bom gosto.

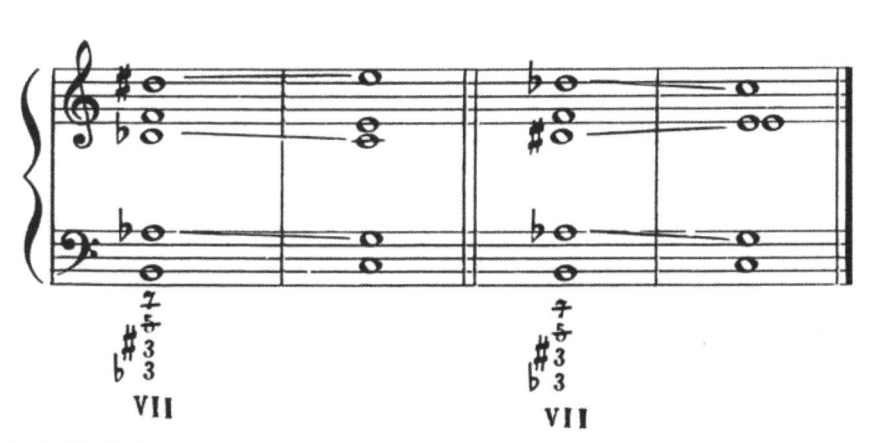

[Exemplo musical 35 - acordes VII]

No acorde de 7ª diminuta:
Alterações simples:
a) alteração descendente da 3ª
b) alteração ascendente da 3ª, com a condição do acorde de 7ª diminuta alterado resolver sobre o I grau homônimo maior.
c) alteração descendente da 5ª.

236

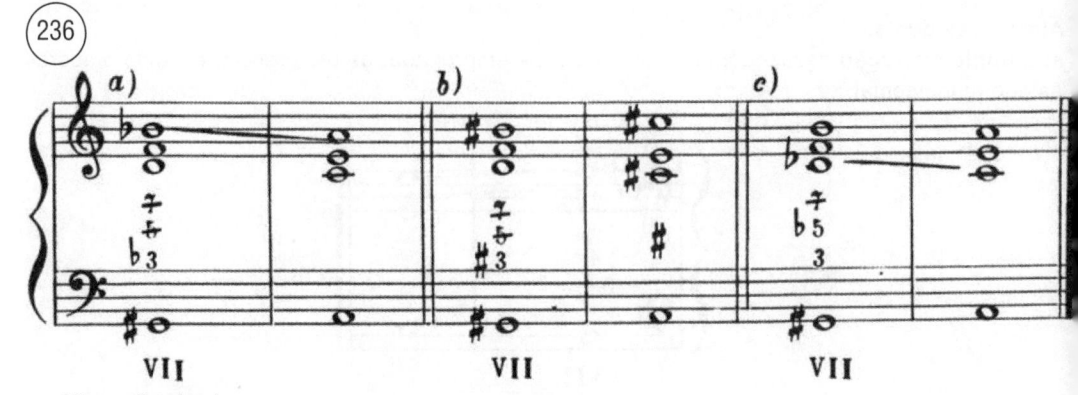

Alteração dupla:

A **dupla alteração** descendente da 3ª e descendente da 5ª é usada neste acorde, preferentemente estando o acorde no estado fundamental.

237

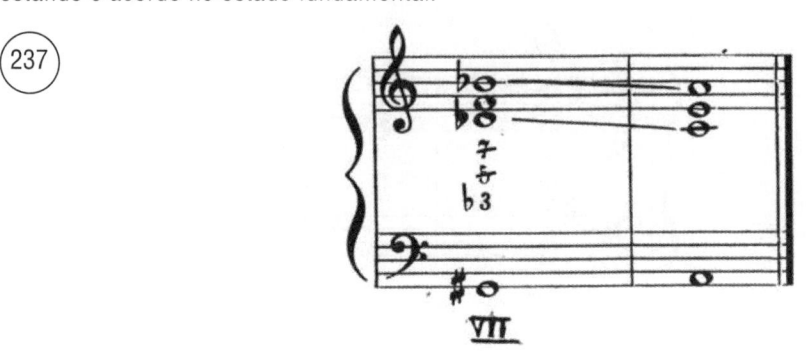

Nos acordes de 9ª maior e 9ª menor da dominante:
Alterações simples:
a) alteração ascendente da 5ª no acorde de 9ª maior da dominante.
b) alteração descendente da 5ª, nos acordes de 9ª maior e 9ª menor da dominante.
c) alteração ascendente da 7ª. Esta alteração, de efeito muito agradável, dá à 7ª a possibilidade resolver subindo (veja Unidade 20 — pág. 85, do 1º volume desta obra).

Estas **alterações** são praticadas no acorde realizado a 5 vozes.

238

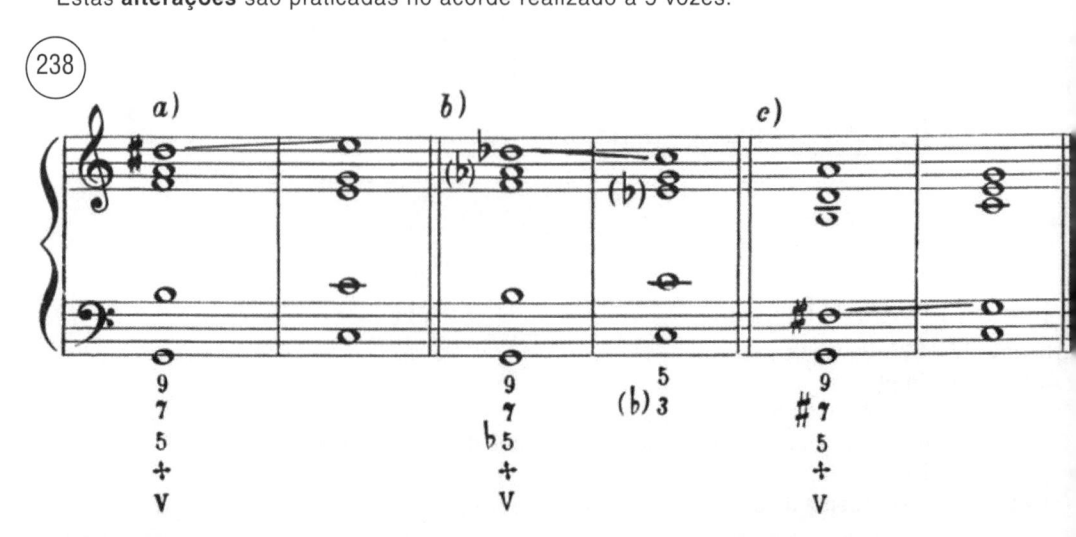

Alteração dupla:
No acorde de 9ª maior da dominante, pode-se também praticar a **dupla alteração**.

a) ascendente da 5ª, e descendente da 5ª, estando o acorde no estado fundamental ou invertido. Recomenda-se o emprego desta **dupla alteração** no coral a 6 vozes, para que a mesma possa ser devidamente realçada e caracterizada, dando ao **acorde alterado** efeito harmônico de relevo. Observa-se, que, assim tão arrojadamente **alterado**, este acorde pode ser liberado de conservar entre suas notas os intervalos de 7ª da sensível e de 9ª da fundamental, uma vez que seu efeito é deliberadamente chocante.

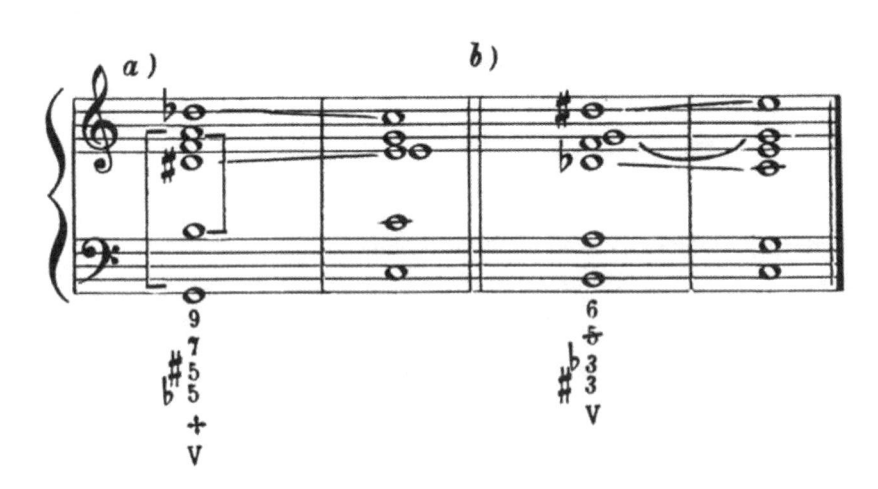

Alteração tríplice:
Também aplicável ao acorde de **9ª maior da dominante** a 5 vozes.
Trata-se da **tríplice alteração** = ascendente da 5ª, ascendente da 7ª e descendente da 9ª.

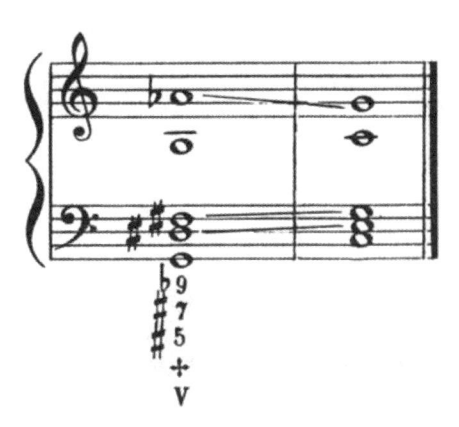

No acorde de 7ª juntada do IV grau do modo menor:
Alteração simples:
É muito usada a **alteração** ascendente da fundamental neste acorde, estando o acorde no estado fundamental (ex. **a**) ou na 1ª inversão (ex. **b**).

241

[La m]

No acorde de 7ª juntada do IV grau do modo maior:

Alteração quádrupla:

Nesta **quádrupla alteração** faz-se – alteração ascendente da fundamental, ascendente da 3ª, ascendente da 5ª e descendente da 7ª.

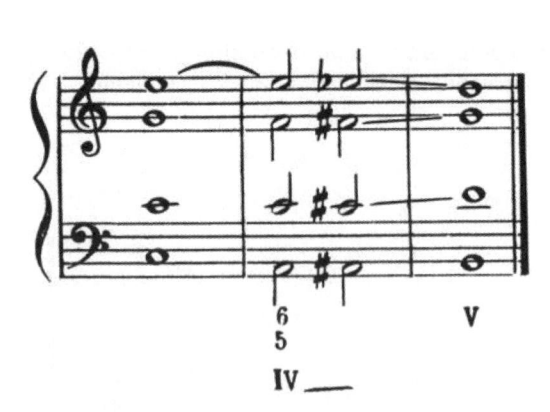

242

As **alterações quádruplas** não são usadas com freqüência, em virtude da dificuldade de resolução das **alterações** sobre acorde exeqüível, obedecendo às normas da boa harmonia. Todavia, nestas alterações do **acorde do IV grau do modo maior**, temos essa possibilidade.

Esta **quádrupla alteração**, assim como as outras **alterações** aplicadas nos acordes de 4 e 5 sons produzindo **acordes artificiais**, geram acordes ajustados aos moldes de combinações harmônicas avançadas, que dão à polifonia um caráter inteiramente novo, e marcam verdadeiramente a expressão polifônica contemporânea.

HARMONIA - Da Concepção Básica à Expressão Contemporânea

EXERCÍCIOS

47) Baixo Cifrado

48) Baixo Cifrado

49) Canto dado

50) Canto dado

UNIDADE VIII

HOMOFONIA
(Acordes Homófonos e suas origens)

Chama-se homofonia a propriedade que têm certos **acordes alterados**, de terem na sua formaç os mesmos sons que outros **acordes naturais**, ou outros **acordes também alterados**.
Os acordes atingidos pela **homofonia** são denominados **acordes homófonos**.
Os **acordes homófonos** têm sempre **origem e funções diferentes**.
Vejamos este exemplo:

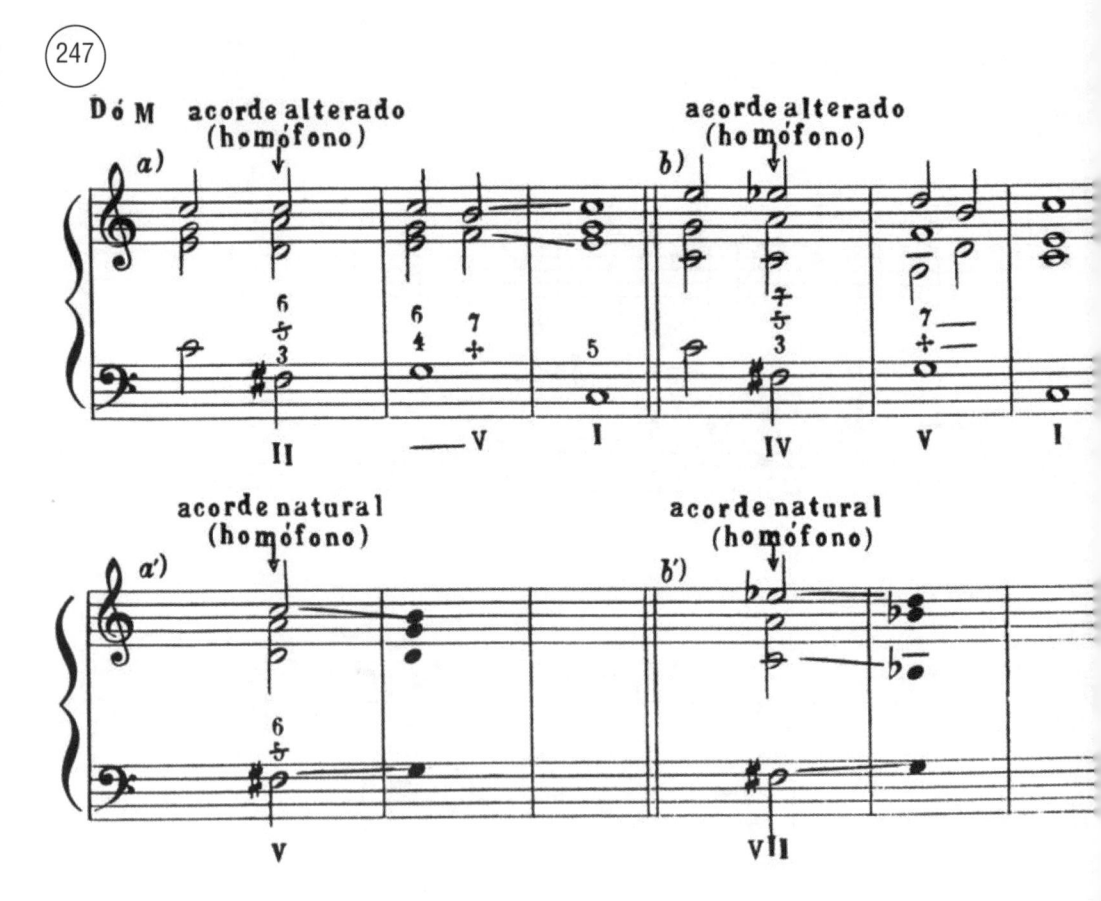

(247)

Em a) — o segundo acorde é o II grau de Dó Maior, com 7ª juntada (ré – fá – lá – dó), na 1ª inve são, com alteração ascendente da 3ª (fá# – no baixo) servindo de fórmula de cadência.
"Este acorde tem na sua formação os mesmos sons do **acorde de 7ª da dominante de Sol Mai** (ré–fá#–lá–dó). Como se vê, trata-se de um caso de homofonia, isto é, de um **acorde homófono**, po o **acorde** ré – fá# – lá – dó (**acorde alterado do II grau com 7ª juntada de Dó Maior**), tem exatamer os mesmos sons do acorde de 7ª da dominante (V grau) de **Sol Maior,** sem que se faça sentir moc lação, a qual, realmente, não houve.
Em b) – temos caso idêntico de **homofonia**. O segundo acorde do texto, fá# – lá – dó – mi♭, ou¹ acorde não é senão o IV grau, com 7ª juntada, de Dó Maior, em dupla alteração, ascendente da fu damental e descendente da 7ª, estando o acorde no estado fundamental.

HARMONIA - Da Concepção Básica à Expressão Contemporânea   111

Este **acorde alterado**, cuja alteração produziu um acorde de 3ª menor, 5ª diminuta e 7ª diminuta, **homófono do acorde de 7ª diminuta do tom de Sol Menor** (VII grau)

Como vimos, estes dois exemplos – a) e b) – de **homofonia** se deram entre um **acorde alterado** e outro **acorde natural**. A **enarmonia** facilita a possibilidade da **homofonia** entre um **acorde alterado** outro **acorde também alterado**.

Vejamos este exemplo:

248

O primeiro acorde do exemplo acima é o acorde do II grau de Dó Maior, com 7ª juntada, na 2ª inversão, (ré – fá# – lá ♭ – dó), com dupla alteração, ascendente da 3ª fá#) e descendente da 5ª (lá ♭), servindo de fórmula de cadência.

Este acorde tem na sua formação os mesmos sons do acorde de 7ª da sensível de Lá Maior com Iteração ascendente da 3ª (sol# – si# – ré – fá#), através de duas enarmonias – lá ♭ – sol# e dó–si#. Trata-se assim de **homofonia** entre dois **acordes alterados**.

Observemos que a **homofonia** em nenhum dos exemplos dados provocou modulação, pois se houvesse modulação os **acordes homófonos** teriam que resolver como **a'**), **b'**) e **c'**) .

Como vimos, a **homofonia por enarmonia** transforma o acorde alterado em outro acorde. E este outro acorde poderá ser, ou não ser alterado. Todavia, será sempre de tom diferente daquele ao qual pertence o acorde que lhe deu origem.

Procuremos, por exemplo, as **homofonias, origens e funções** das seguintes agregações harmônicas:

1) **Acorde de 3ª maior e 5ª diminuta**

a) tem origem no **acorde perfeito maior**, com alteração descendente da 5ª. Pode ser praticado ste acorde no I grau das escalas do modo maior e no V grau das escalas de ambos os modos.

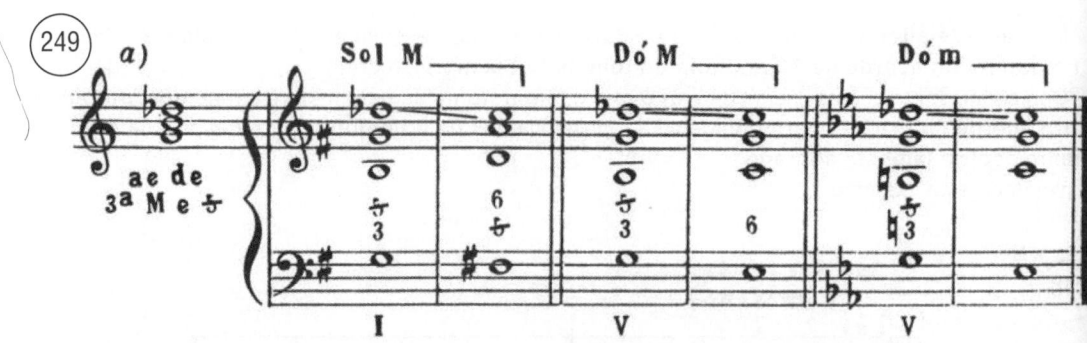

b) tem origem no **acorde perfeito menor**, com **dupla alteração ascendente da 3ª e descendente da 5ª**. Pratica-se no II, III e VI graus do modo maior e I grau do modo menor.

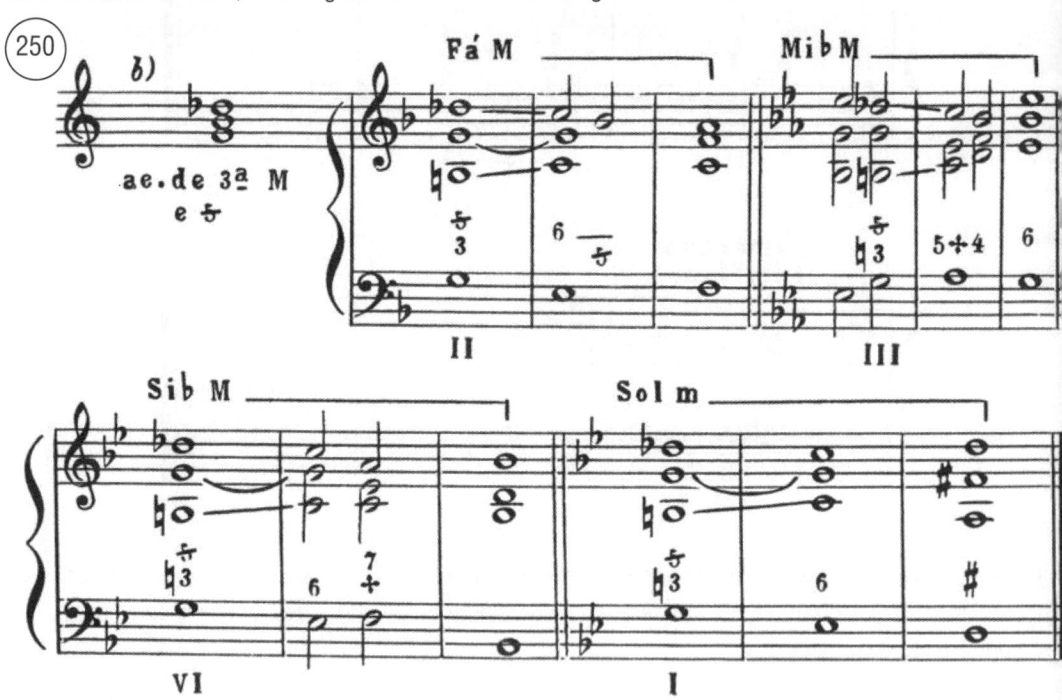

c) tem origem no **acorde de 5ª diminuta**, com **alteração ascendente da 3ª**. Pode ser praticado no VII grau do modo maior e no II grau do modo menor.

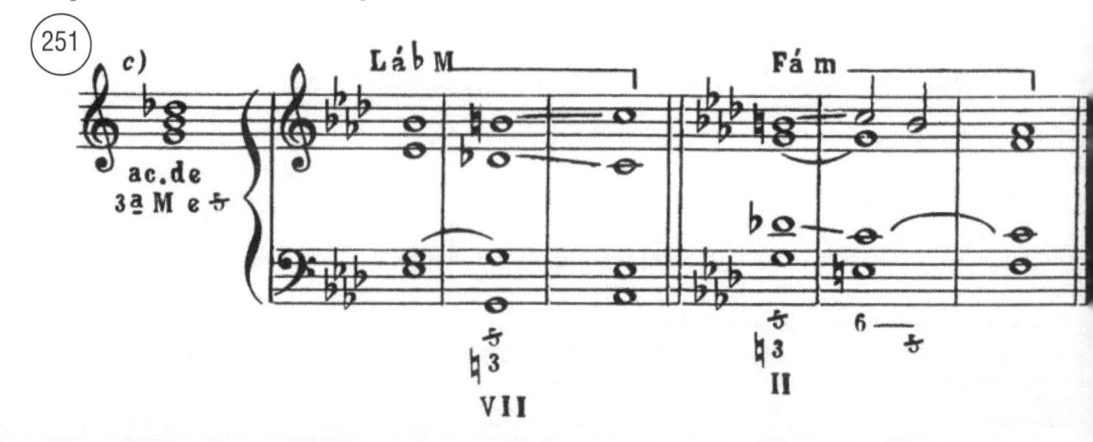

HARMONIA - DA CONCEPÇÃO BÁSICA À EXPRESSÃO CONTEMPORÂNEA   113

2) Acorde de 3ª maior, 5ª aumentada e 7ª menor
a) tem origem no **acorde de 7ª da Dominante**, com **alteração ascendente da 5ª**. Só podendo ser praticado no V grau do modo maior.

(252)

b) tem origem no **acorde perfeito maior com 7ª juntada**, com **dupla alteração, ascendente da 5ª e descendente da 7ª**. Pode ser praticado no I e IV graus do modo maior e no VI grau do modo menor.

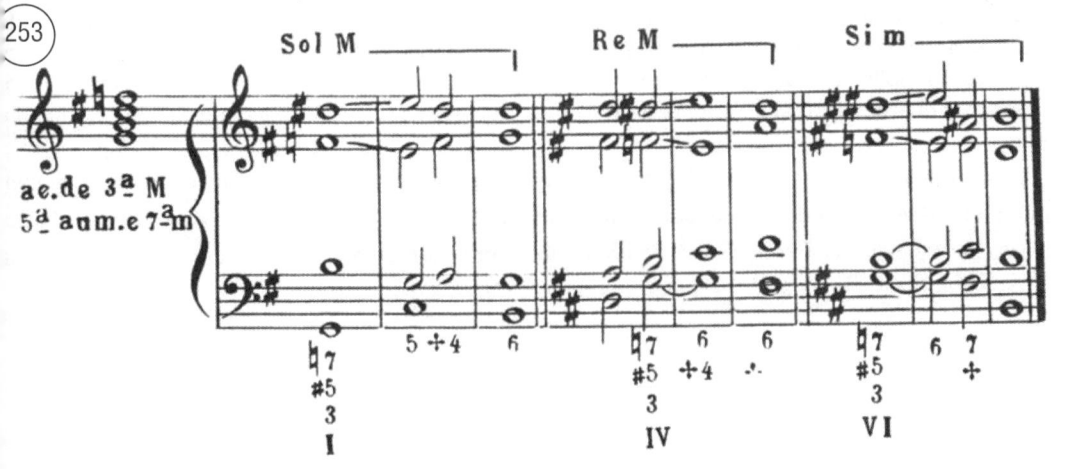

(253)

Assim como essas, várias outras agregações harmônicas podem ser feitas com emprego de notas alteradas, cujas origens vamos encontrar nos acordes naturais. Na **homofonia** é muito freqüente o uso da **enarmonia**.

(254)

Quando não há **enarmonia** na **homofonia**, a resolução do **acorde alterado** recai em acorde do mesmo tom do qual se originou. Isto pode ser verificado em todos os exemplos dados, com exceção do último.

Mas, se houver **homofonia por enarmonia**, o **acorde alterado** se transformará em acorde de outro tom diferente daquele do qual se originou, ou, raramente conservará o tom de sua origem, e ainda, o acorde enarmonizado poderá ser ou não um acorde alterado.

255

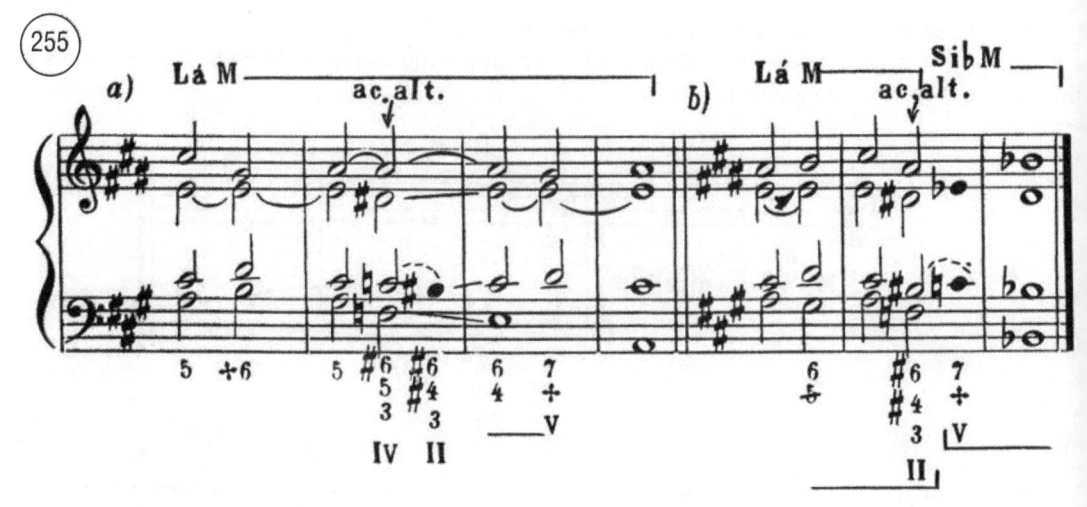

Verificando:

a) o **acorde alterado** é o de 7ª do IV grau na 1ª inversão de Lá Maior, com a **tríplice alteração, ascendente da fundamental e descendente da 3ª e da 7ª**. Este acorde é **homófono** do acorde de 7ª do II grau (na 3ª inversão), com a **tríplice alteração, ascendente da fundamental e da 3ª, e descendente da 5ª**. Temos aí a homofonia por enarmonia; o **acorde homófono** é um acorde alterado do mesmo tom do qual se originou (Lá Maior).

b) o **acorde alterado** é o de 7ª do II grau (na 2ª inversão) de Lá Maior, com a **tríplice alteração, ascendente da fundamental e da 3ª, e descendente da 5ª**. Este acorde é **homófono** do acorde de 7ª da Dominante de Si ♭ Maior. Como vimos, houve **homofonia por enarmonia**; o **acorde homófono** é um acorde natural (isto é, sem alteração), e pertence a outro tom (Si ♭ Maior).

A **enarmonia** dá ensejo a grandes passos, tais como:

256

a) facilita a modulação para tons afastados
b) dispensa a preparação da 7ª dos acordes artificiais (quando **homófonos**).
c) libera a obrigação de guardar o intervalo de 7ª no acorde de 7ª da sensível e, até mesmo, o intervalo de 9a nos acordes de 5 sons (quando **homófonos**).
d) enseja o emprego do acorde de 7ª da Dominante com **dupla alteração, ascendente e descendente da 5ª**, que o torna **homófono** do acorde de 9ª do Dominante com **alteração ascendente da 5ª**.

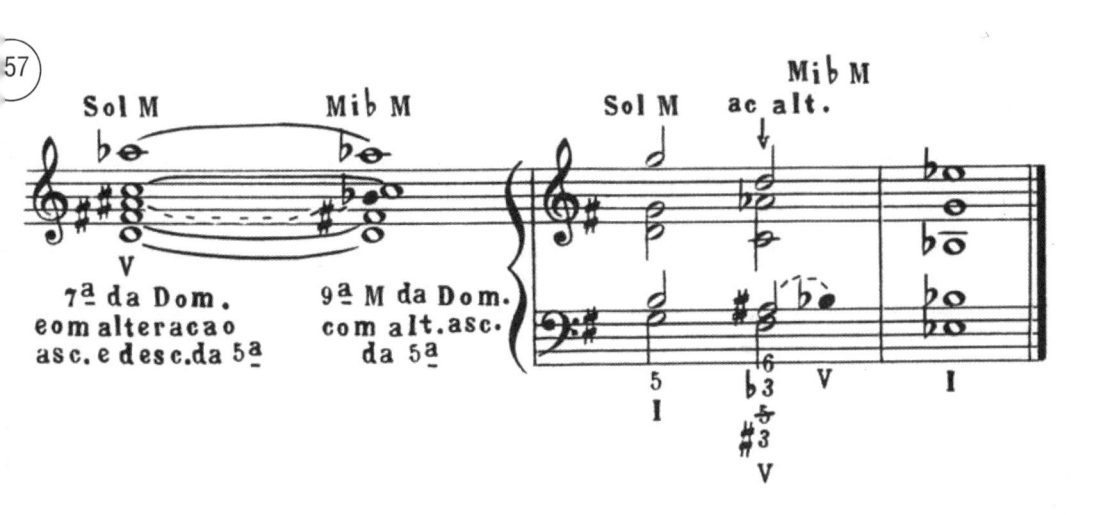

HARMONIA - DA CONCEPÇÃO BÁSICA À EXPRESSÃO CONTEMPORÂNEA 115

A **homofonia por enarmonia**, principalmente, abre frente para uma harmonia mais avançada, moderna e prepara o emprego das combinações harmônicas mais arrojadas.

EXERCÍCIOS

1) Procurar as origens do acorde alterado de **3ª Maior e 5ª Aumentada**, exemplificando todas as origens possíveis.

2) Procurar as origens do acorde alterado de **3ª Maior, 5ª Diminuta e 7ª Menor**, exemplificando todas as origens possíveis.

3) Modulações para tons afastados provocadas pela **homofonia por enarmonia**. Assinalar os acordes alterados, as enarmonias e as modulações:
Baixo cifrado.

UNIDADE IX

MODULAÇÕES PROVOCADAS POR ACORDES ALTERADOS

1) – MODULAÇÃO EFETUADA POR MEIO DA ENARMONIA, TRANSFORMANDO O ACORDE D 7 EM OUTROS ACORDES ALTERADOS

Quando se quer fazer uma **modulação** utilizando-se **enarmonia de um acorde de 7ª diminut** vamos verificar o seguinte: no acorde de 7ª diminuta que vai ser enarmonizado encontramos SEMPR a **tônica**, ou a **sensível**, ou a **dominante** do tom para o qual desejamos modular.

Vejamos, por exemplo, o acorde de 7ª diminuta de Sol menor (fá# – lá – dó – mi♭): modulando par Dó maior ou menor, nele encontraremos a TÔNICA – **dó**; modulando para Ré maior ou menor, enco traremos a DOMINANTE – **lá**; modulando para Mi maior ou menor, encontramos a SENSÍVEL – **ré**# (no enarmônica de mi♭); modulando para Fá maior ou menor, encontramos a DOMINANTE – **dó**; modulanc para Lá maior ou menor, encontramos a TÔNICA – **lá**; modulando para Si maior ou menor, encontrar mos a DOMINANTE – **fá#**; modulando para Dó# maior ou menor, encontramos a SENSÍVEL – **si#** (no enarmônica do **dó**); modulando para Ré# menor encontramos a TÔNICA – **ré**# (enarmônica de mi♭ modulando para Fá# maior ou menor, encontramos a TÔNICA – **fá#**; modulando para Sol# menor, en contramos a DOMINANTE – **ré**# (enarmônica de **mi♭**); modulando para Lá# menor, encontramos SENSÍVEL – **sol** X (enarmônica de **lá**); modulando para Dó♭ maior, encontramos a DOMINANTE – **sol♭** (ena mônica de **fá#**); modulando para Ré♭ maior, encontramos a SENSÍVEL – **dó**; modulando para Mi♭ maior menor, encontramos a TÔNICA – **mi♭**; modulando para Sol maior, encontramos a TÔNICA – **sol♭** (ena mônica de **fá#**); modulando para Lá♭ maior e menor, encontramos a DOMINANTE – **mi♭**, e modulando par Si♭ maior e menor, encontramos a SENSÍVEL – **lá**.

Para se efetuar a modulação desejada, daremos às notas do acorde de 7ª diminuta enarmonizad uma nova ordem, observando-se a seguinte colocação:

a) quando se encontra a **TÔNICA de um tom maior**, esta nota será colocada como **7ª do acord** formado pela enarmonia.

260

Observem que, neste caso, o acorde enarmonizado (do tom para o qual se modula) será sempre o 7ª do II grau, com dupla alteração ascendente da fundamental e da 3ª.

b) quando se encontra a **TÔNICA de um tom menor**, esta nota será colocada como **5ª do acorde formado pela enarmonia.**

[Exemplo musical 261: Sol m — Fá#m]

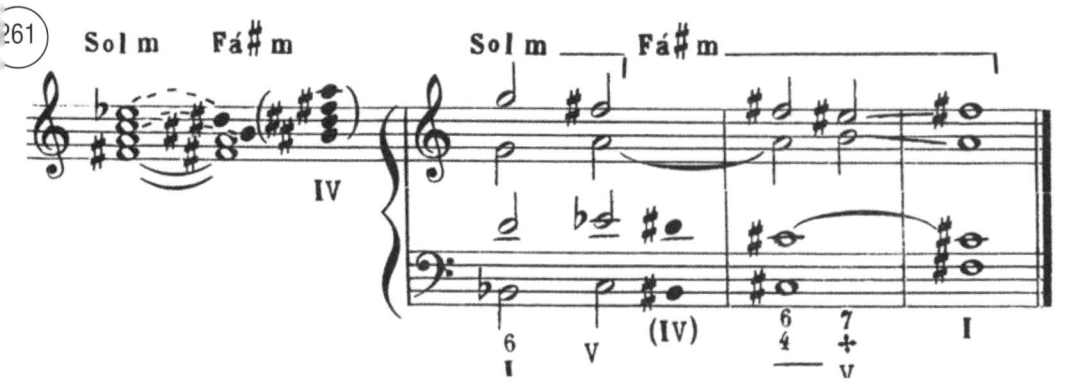

Neste caso, o acorde enarmonizado (do tom para o qual se modula) será sempre o de 7ª do IV grau, com dupla alteração ascendente da fundamental e da 3ª.

c) quando se encontra a **SENSÍVEL** (seja de tom maior ou de tom menor), esta nota será colocada como **fundamental do acorde formado pela enarmonia;**

[Exemplo musical 262: Sol m — Réb M]

Neste caso, o acorde enarmonizado (tom para o qual se modula) será sempre o da 7ª da sensível com 7ª abaixada (se o tom for maior) ou o próprio acorde de 7ª diminuta do novo tom (se este for menor).

d) quando se encontra a **DOMINANTE** (seja de tom maior ou menor), esta nota será colocada como **7ª do acorde formado pela enarmonia.**

[Exemplo musical 263: Sol m — Dób M]

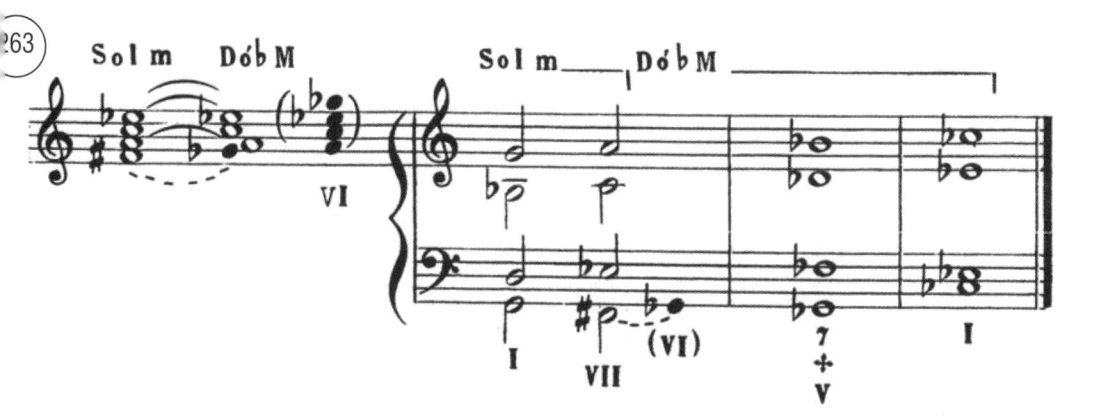

Neste caso, o acorde enarmonizado (do tom para o qual se modula) será sempre o de 7ª do VI grau do modo maior, com a dupla alteração ascendente da fundamental e da 3ª.

EXERCÍCIOS

Exemplifique as modulações pedidas, usando o processo da **modulação por enarmonia do acorde de 7ª diminuta**:

1) **Com o acorde sol# – si – ré – fá:**
   a) modular para Si maior
   b) modular para Ré menor
   c) modular para Dó menor
   d) modular para Sol maior

2) **Com o acorde fá# – lá – dó – mi♭ :**
   a) modular para Fá menor
   b) modular para Mi menor
   c) modular para Ré♭ maior
   d) modular para Lá maior

3) **Com o acorde sol – si♭ – ré♭ –fá♭:**
   a) modular para Sol menor
   b) modular para Si maior
   c) modular para Ré# menor
   d) modular para Mi♭ menor
   e) modular para Dó# maior

4) **Usando o mesmo processo module:**
   a) de Dó menor para Fá# menor
   b) de Lá♭ menor para Dó# menor
   c) de Ré menor para Mi♭ maior
   d) de Mi menor para Lá maior

2— MODULAÇÃO TRANSFORMANDO O ACORDE DE 7ª DIMINUTA EM ACORDE DISSONANTE ARTIFICIAL DE 3ª MAIOR, 5ª DIMINUTA E 7ª MENOR

Neste caso, a **modulação** se processa em torno de um **intervalo de 3ª diminuta** que se encontra interposto entre dois intervalos de 3ª maior, fazendo parte da estrutura do novo acorde em que se transforma o acorde de 7ª diminuta.

Para se operar esta **transformação** usa-se o seguinte sistema:
   a) se a modulação foi para tom maior, vamos procurar a nota correspondente ao **V** ou **VI grau** do tom para o aqual se modula, que se encontra intercalada entre as notas do acorde de 7ª diminuta.

(264)

Se a modulação for para **tom menor**, procura-se, como no caso anterior, o **I ou V grau** do tom para qual se modula.

b) acima e abaixo desses graus intercalados procuram-se as notas que com eles formem intervalo de semi- diatônico. Vejam que, estas duas notas formam um intervalo de **3ª diminuta**.

c) esta **3ª diminuta** funcionará como centro do novo acorde no qual se transformará o acorde de 7ª minuta, pois, acima da nota mais aguda do intervalo de 3ª, diminuta será colocada uma nota for- ndo intervalo de **3ª maior** e abaixo da nota mais grave será colocada uma outra nota, formando nbém intervalo de **3ª maior**. Assim, teremos formado o novo acorde de 3ª maior, 5ª diminuta e 7ª nor, em que vai se transformar o acorde de 7ª diminuta.

É importante reparar que deve haver sempre duas notas comuns entre o **acorde de 7ª diminuta e acorde transformado** (de 3ª maior, 5ª diminuta e 7ª menor), ainda que seja necessário recorrer à armonia.

d) na realização do encadeamento destes dois acordes, convém que a **3ª diminuta** seja invertida, urando como **6ª aumentada**, isto porque, a 6ª aumentada dá ao acorde uma posição mais cômoda.

Verifiquem ainda, que a resolução do **acorde transformado** se faz sobre um baixo, cujo som é a própria nota e lhe deu origem, isto é, V ou VI grau do modo maior, e I ou V grau do modo menor. Assim acontece em con- qüência da resolução da 6ª aumentada (inversão da 3ª diminuta que originou o acorde transformado). Notem ainda, que o citado baixo sobre o qual resolve o acorde transformado vem sempre rado com 4⁶.

Exemplos:

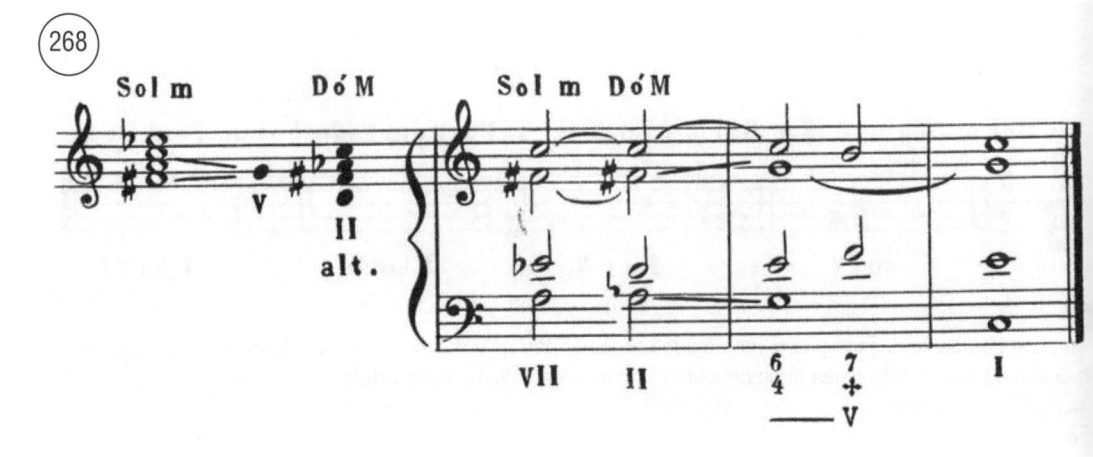

(268)

[exemplo musical: Sol m — Dó M, com cifras V, II alt., VII, II, 6/4, 7+ — V, I]

Vimos que a modulação se processou de **Sol menor** para **Dó maior**. Entre as notas do acorde foi encontrado **intercalado** o **V grau** (sol). O **intervalo fá# - lá ♭** (3ª diminuta) deu origem ao acorde, que completado com as notas ré (**3ª maior abaixo de fá#**) e dó (**3ª maior acima de láb ♭**). O acorde transformado ficou assim estruturado: **ré - fá# - lá ♭ = dó** (**acorde de 3ª maior, 5ª diminuta e 7ª menor**). Entre o acorde de 7ª diminuta e o novo acorde transformado há duas notas comuns (**fá# e dó**); o acorde na sua posição contém intervalo de **6ª aumentada** (**lá ♭ – fá#**), inversão da **3ª diminuta** (**fá# – lá ♭**); a **6ª aumentada** resolveu sobre o sol (nota que lhe deu origem – V grau de Dó maior) e vem cifrado com 4⁶.

Assim, o acorde de **7ª diminuta de Sol menor**, foi transformado no acorde de **7ª do II grau de Dó maior**, com dupla alteração, ascendente da 3ª e descendente da 5ª (**dissonante artificial**).

Neste outro exemplo, modulação de **Sol menor para Ré maior**, encontramos intercalado no acorde de **7ª diminuta**, o VI grau (si) que vai dar origem ao acorde **transformado**.

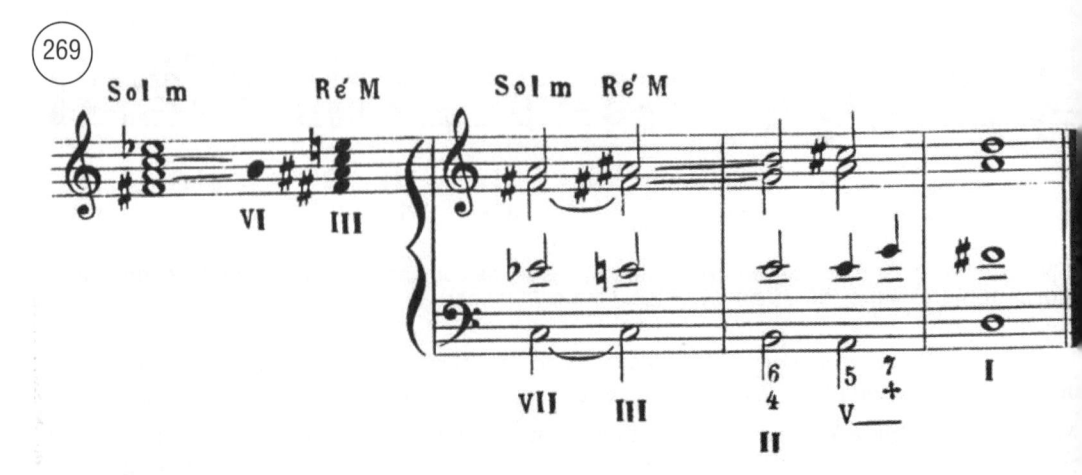

(269)

[exemplo musical: Sol m — Ré M, com cifras VI, III, VII, III, 6/4, 5 7+, II, V, I]

Temos agora modulação de **Sol menor para Dó# menor**, onde encontramos intercalado no acorde de 7ª diminuta, o I grau (dó#), que dará origem ao **acorde transformado**.

HARMONIA - DA CONCEPÇÃO BÁSICA À EXPRESSÃO CONTEMPORÂNEA   121

70)

[Exemplo musical: Sol m (I) – Do#m (V) ... VII – V – #6/4 IV – V – I]

Neste outro exemplo, temos modulação de **Sol menor** para **Mi maior**, onde está intercalado entre as notas **acorde de 7ª diminuta** o V grau (si), que dará origem ao **acorde transformado**.

71)

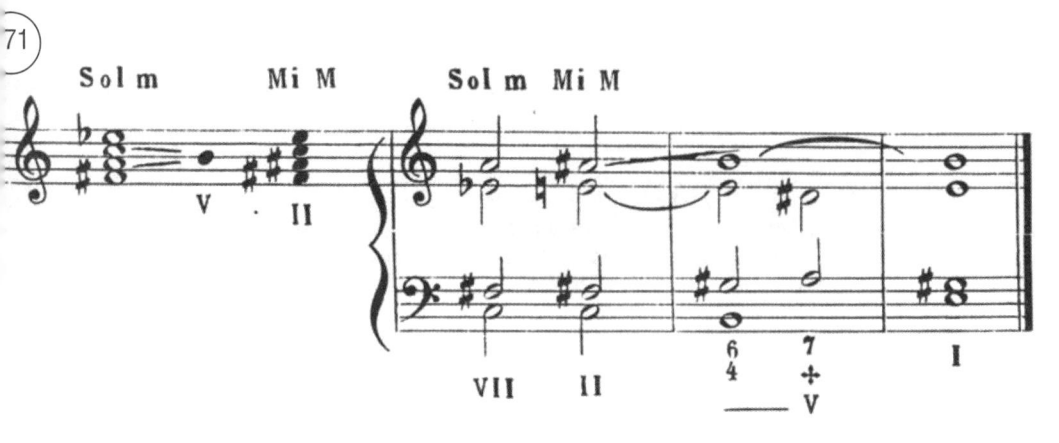

[Exemplo musical: Sol m – Mi M (V . II) ... Sol m Mi M ... VII – II – 6/4 – 7/+ – I / V]

Observem que, em todos os exemplos dados, o sistema usado para esse processo de modulação sempre rigorosamente observado.

EXERCÍCIOS:

1) Com o acorde **si – ré – fá – lá ♭** estruturar o **acorde transformado em 3ª maior, 5ª diminuta e 7ª menor**, e provoca modulação para:
a) Dó# menor
b) Fá maior
c) Mi maior
d) Lá menor

2) Pelo processo de transformação do acorde de **7ª diminuta** em acorde de **3ª maior, 5ª diminuta e 7ª menor**, truturar os acordes transformados para que se efetuem as seguintes modulações:
de **LÁ MENOR** para:
a) Ré maior
b) Mi ♭ maior
c) Dó menor
d) Fá menor
e) Si maior

3) Em pequenos grupos de 5 acordes, exemplifique todas as modulações pedidas nos exercícios 1 e 2.

3 – MODULAÇÃO EFETUADA ATRAVÉS DO ACORDE DE 7ª DIMINUTA ALTERADO, TRANSFO MANDO-O EM ACORDE DE 7ª DA DOMINANTE (DE OUTRO TOM) COM ALTERAÇÃO DESCENDEN DA 5ª

Consiste esta modulação em alterar de várias formas o acorde de 7ª diminuta, transformando-o **acorde de 7ª da dominante**, obviamente de outro tom, e com **alteração descendente da 5ª**. Re rem que a estrutura deste acorde é também de **3ª maior, 5ª diminuta e 7ª menor**. Observem que, transformação do acorde de 7ª diminuta, em 7ª da dominante com alteração descendente da 5ª, sempre **duas notas comuns**:

(272)

Ré m Fá M ou m   Ré m Dó M ou m   Ré m Si M ou m   Ré m Lá M ou m
a)   b)   c)   d)

VII V   I   VII V   I   VII V   I   VII V   I
7ª da dóm.   7ª da dóm.   7ª da dóm.   7ª da dóm.
c.alt.desc.   c.alt.desc.   c.alt.desc.   c.alt.desc.
da 5ª   da 5ª   da 5ª   da 5ª

Analisando encontramos em:

a) o acorde de 7 de Ré menor **transformado** no acorde de 7ª da dominante de Fá maior ou mer (no estado fundamental), com alteração descendente da 5ª (acorde de 5ª maior, 5ª diminuta e menor).

b) o mesmo acorde inicial, **transformado** no acorde de 7ª da dominante de Dó maior ou menor (2ª inversão), com alteração descendente da 5ª (mesma estrutura). A fundamental do acorde de 7ª minuta faz enarmonia com a 5ª alterada do acorde de 7ª da dominante, soando como notas comun

c) o mesmo acorde inicial, **transformado** no acorde de 7ª da dominante de Si maior ou menor (2ª inversão), com alteração descendente da 5ª (mesma estrutura). A 7ª do acorde de 7 faz enarm nia com a 3ª do acorde de 7ª da dominante, soando como notas comuns.

d) o mesmo acorde inicial, **transformado** no acorde de 7ª da dominante de Lá maior ou menor (3ª inversão), com alteração descendente da 5ª (mesma estrutura).

Em todos os exemplos dados foi constatada a presença das **duas notas comuns**, entre o acor de 7ª diminuta e o conseqüente **acorde transformado**. E assim como estas, muitas outras alteraçõ podem ser aplicadas ao acorde de 7ª diminuta, transformando-o em acorde de 7ª da dominante (cd alteração descendente da 5ª) de outro tom, enriquecendo a variedade de modulações.

HARMONIA - Da Concepção Básica À Expressão Contemporânea 123

EXERCÍCIOS:

Por meio do acorde de 7ª diminuta transformado em acorde de 7ª da dominante, com alteração descendente da 5ª, efetuar as seguintes modulações:
a) de Lá menor para Dó maior
b) de Sol menor para Mi ♭ maior
c) de Lá menor para Sol menor
d) de Fá# menor para Dó# menor
e) de Mi menor para Fá maior
f) de Dó menor para Si ♭ maior
g) de Fá menor para Dó maior

4 — MODULAÇÃO POR ENARMONIA POR MEIO DO ACORDE DE 9ª MAIOR DA DOMINANTE, COM ALTERAÇÃO SIMULTÂNEA ASCENDENTE E DESCENDENTE DA 5ª

Como sabemos, os **acordes alterados** assumem certa independência e assim, ficam desobrigados dos princípios e normas que regem sua realização.

É o que se dá com os acordes de **9ª maior da dominante com esta dupla alteração ascendente descendente da 5ª**.

Neste acorde assim alterado dispensa-se a conservação dos intervalos de 7ª da sensível e da 9ª a fundamental, e ainda mais, pode ser empregado em qualquer inversão. Isto vem favorecer largamente os processos de modulação, em especial para tons afastados.

O acorde de **9ª maior da dominante com a dupla alteração ascendente e descendente da 5ª**, através da **enarmonia**, possibilita que se faça **modulação** para **cinco tons do modo maior**.

Esses cinco tons são aqueles que têm como dominante a **3ª, a 5ª alterada ascendentemente**, a 5ª **alterada descendentemente**, a 7ª e a 9ª do acorde que se tomam para efetuar as modulações

(273)

Ac. de 9ª M da
dóm. de Sol M

→ alt. desc. da 5ª
→ alt. asc. da 5ª

V

Tomemos como exemplo o acorde
a) a 3ª do acorde é **fá#** – dominante do tom de **Si maior**.
b) a 5ª alterada ascendentemente é **lá#** (enarmônica de **si ♭**) – dominante de **Mi ♭** maior.
c) a 7ª é **dó** – dominante de **Fá maior**.
d) a 9ª é **mi** – dominante de **Lá maior**.
e) a 5ª alterada descendentemente é **lá ♭** – dominante de **Ré ♭ maior**.

Vamos exemplificar estas cinco **modulações**, observando que o acorde de **9ª maior da dominante com a dupla alteração, ascendente e descendente da 5ª**) do tom de Sol maior, através da enarmonia, passou a ser o acorde de **9ª maior da dominante** (com as mesmas alterações, ascendente e descendente da 5ª) de cada um dos 5 tons para os quais foi efetuada modulação.

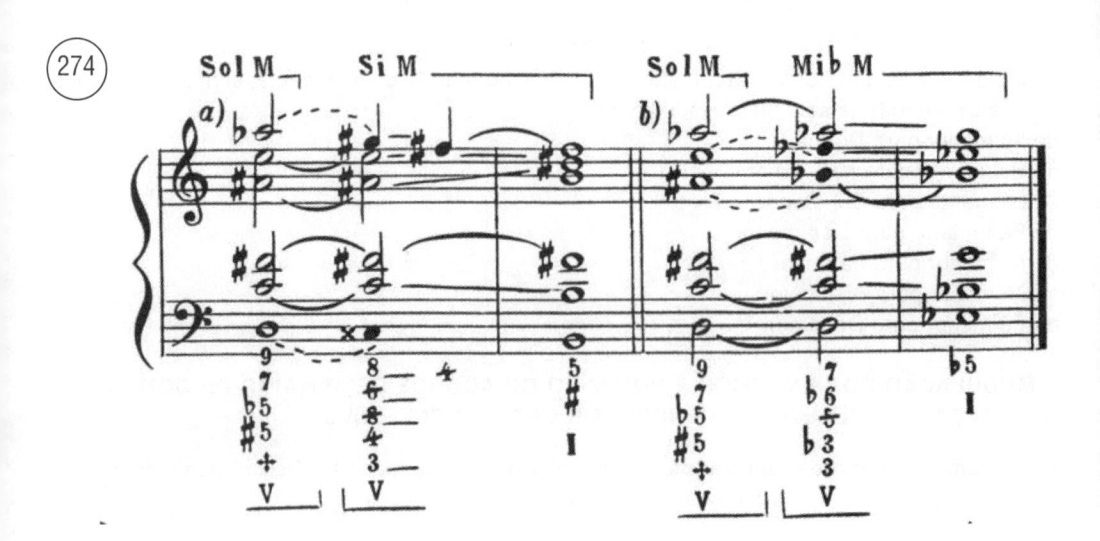

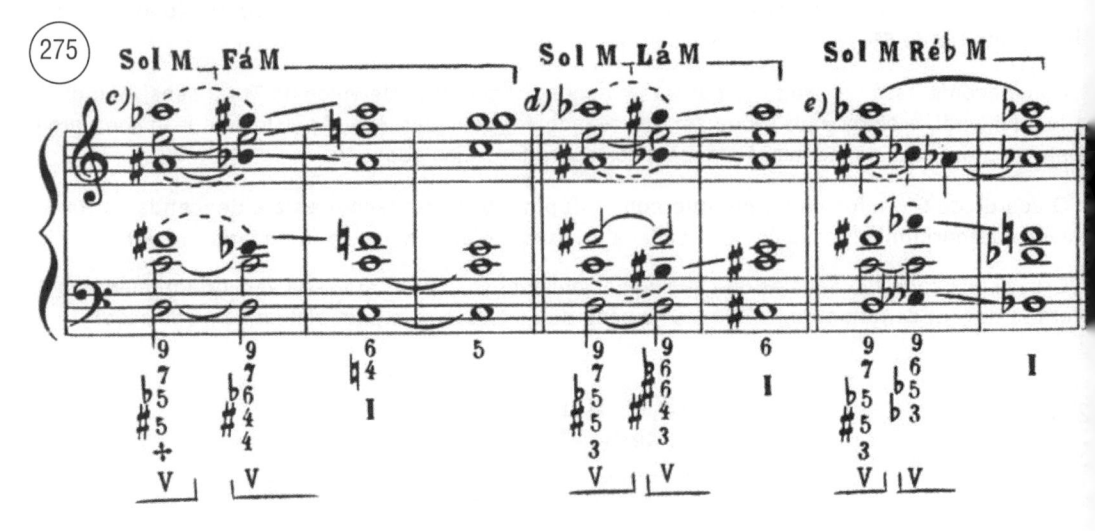

EXERCÍCIOS:

1 — Com o acorde **dó – mi – sol# – si♭ – ré – sol ♭**, verifique para que tons pode modular, se usa a modulação pro enarmonia deste acorde de 9ª maior da dominante com a dupla alteração da 5ª.

2 — Tome o acorde de 9ª maior da dominante (com dupla alteração da 5ª) do tom de Lá maior e procure os tons para os quais pode modular, por meio da enarmonia deste acorde.

3 — Efetue as modulações pedidas no exercício nº 1.

4 — Efetue as modulações pedidas no exercício nº 2.

5 – MODULAÇÃO POR MEIO DO ACORDE DE 5ª AUMENTADA DO III GRAU DO MODO MENOR TRANSFORMADO EM ACORDE DO V GRAU DE OUTRO TOM, COM ALTERAÇÃO ASCENDENTE DA 5

O **acorde de 5ª aumentada do III grau do modo menor** é um acorde alterado, uma vez que a é sensível do modo menor, que é, por sua vez, o VII grau da escala com alteração ascendente.

A transformação deste acorde em V grau de outro tom pode ser feita de duas formas:

a) **acrescentando-lhe uma 7ª menor** (será transformado em acorde de 7a da dominante (de tom) com alteração ascendente da 5ª.

b) por meio da enarmonia

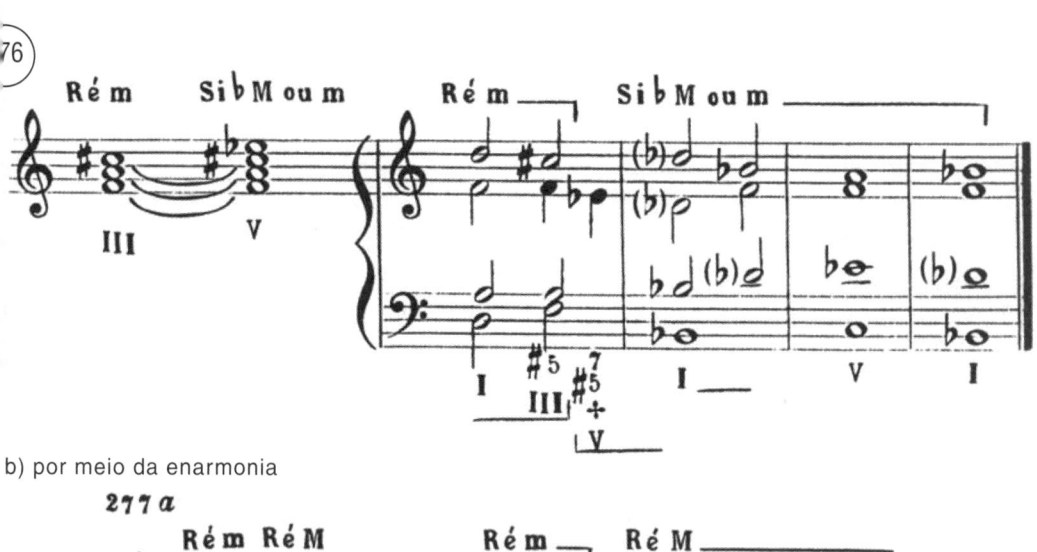

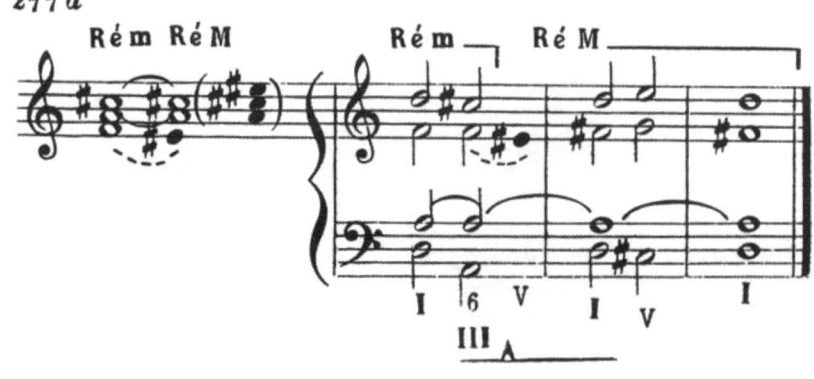

EXERCÍCIOS:

1 – Tome o acorde de 5ª aumentada do III grau de lá menor, de Sol menor e de Fá# menor, e transme-os em acordes de 7ª da dominante de outros tons, apenas com a acréscimo de uma 7ª menor.
2 – Com os acordes de 5ª aumentada encontrados nos tons pedidos no exercício nº 1, transforme-em acordes de 7ª da dominante com alteração ascendente da 5ª de outros tons.
3 – Complete os exercícios 1 e 2, exemplificando as modulações pelos processos determinados em da exercício.

UNIDADE X

PEDAL

Chama-se **pedal** uma nota prolongada (por meio de ligadura) ou repetida com insistência.

O têrmo **pedal** originou-se das notas que, no **órgão**, eram tocadas com a **pedaleira**, isto é, com o **clado de pedais**. No órgão, tais notas, freqüentemente, servem de suporte harmônico e, como tal, s notas **sustentadas**.

Assim, por analogia, nos corais, as notas sustentadas ou repetidas insistentemente são chamada **Notas Pedais**.

Simultâneamente com a **Nota Pedal** são ouvidos diferentes acordes. E a **nota pedal** tem a proprieda de poder fazer parte integrante de qualquer desses acordes, ou, opostamente, ela pode ser estranha a acordes com os quais é ouvida, seja por não fazer parte de sua estrutura ou até, por pertencer a outro to

Eis um exemplo de **peda**l, para melhor esclarecer o exposto no texto acima.

(278)

Examinando o exemplo dado, verificamos que a **pedal** é a **nota dó** (prolongada pela ligadura que se encontra no baixo. O tom principal do texto é Dó Maior, logo, trata-se de **Pedal da Tônica**. A lisando o trecho observamos que:

a) o trecho é modulante (Dó maior-Fá maior – Sol Maior – Fá maior – Lá menor – Dó maior).

b) no 2° tempo do 1° compasso a **pedal** é uma 7ª que não resolveu, e no 3° tempo do 2° compa a **pedal** é uma 7a dobrada.

c) no 2° e 3° tempo do 4° compasso a **pedal** não faz parte do acorde (Lá menor).

d) nos acordes onde se deu a modulação para o tom de Fá maior a **nota pedal da tônica** pass a ser **pedal da dominante**.

e) nos demais acordes a **pedal** faz parte deles.

f) a **pedal** foi iniciada e terminou como **pedal da tônica** (tom de Dó maior).

As notas mais empregadas como **pedal** são a **tônica e a dominante**. Isto porque o I e o V gra são aqueles nos quais assentam as bases fundamentais da tonalidade, e são também os mais ri em combinações harmônicas.

E é esta força tonal que permite à **tônica** e à **dominante** uma estabilidade proveitosa, favorecer o retorno a uma harmonia onde tais **pedais** figurem a maior parte das vezes, como sons de real in gração nos acordes. E é justamente o que convém para realçar suas presenças, quando deixam fazer parte do acorde e entram como notas estranhas ao conjunto harmônico.

A **pedal** pode ser empregada em qualquer das vozes, em qualquer trecho do Coral (no início, no s decorrer ou no fim).

Pedal do Baixo — quando se encontra na voz mais **grave** do conjunto **pedal do baixo** ou **pedal inferior**. É a mais usada, e ainda, seu emprego é o mais freqüente se for a **pedal da tônica**.

Quando esta se encontra nos últimos compassos de um texto de **Baixo** para ser realizado, é interessante fazer ouvir na **voz superior** (no Canto), sobre a **pedal**, um fragmento da melodia que foi criada para o **Canto**, na realização dos primeiros compassos do texto. Este retorno da melodia valoriza, sobremodo, o efeito do Coral.

279

Baixo dado

pedal

Da mesma forma, quando se trata de texto para **Canto** e, no final há um regresso ao início da melodia, usa-se aplicar no **baixo**, quando possível, a **pedal da tônica**.

280

Canto Dado

pedal

A **pedal da dominante** é também muito usada no término do trecho, dilatando a fórmula da cadência

(281)

É ainda muito comum o uso da **pedal da dominante** no decorrer do trecho.

Pedal Intermediária – é praticada em qualquer das **partes intermediárias**, ou seja, no **tenor** ou n contralto, em se tratando de Coral a 4 vozes. E também chamada **pedal interna**. Observem, no exempl a seguir, que usamos aí a **nota pedal** em forma de **nota repetida insistentemente**. Entretanto, nada im pediria que ela se apresentasse como uma **nota prolongada**.

(282)

Pedal do Canto 0 quando se encontra na **voz mais aguda** sendo, por esse motivo, chamada tambér **pedal superior**. No **Canto a pedal** mais usada é a da **dominante**, no início ou no transcurso do trecho.

(283) La menor

No final do trecho é freqüente e emprego da **pedal superior da tônica**.

Pedal Dupla – é o emprego de duas **pedais** simultâneas. Geralmente usadas em corais a 5 ou mais vozes, isto porque, a **pedal**, infalivelmente, faz cessar a movimentação da voz onde é apresentada, e, aplicada no coral a 4 partes, apenas 2 partes ficarão com o encargo de agir e expor os desenhos melódicos, correndo o risco de empobrecer o conteúdo harmônico.

Todavia, com habilidade e idéias ciratvas é possível usar, a 4 vozes, a **dupla pedal** da **dominante** e da **tônica**, dando-se a esta última a preferência do **baixo**.

É possível empregar uma **dupla pedal** — da **tônica** e da **mediante**, ambas intermediárias ou, ainda, uma no **Canto** e a outra **intermediária**. Esta **dupla pedal** entretanto não acrescenta qualquer proveito ao desenvolvimento harmônico ou ao interesse melódico do texto, razão pela qual poucas vezes é utilizada.

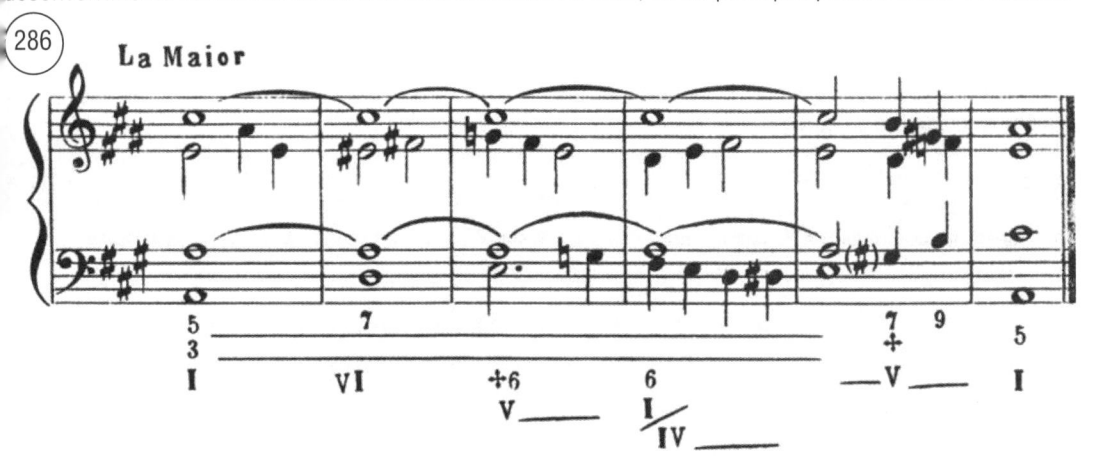

La Maior

Nesse mesmo caso se encontra também a **dupla pedal** da **tônica** e da **supertônica**, que exige, como a anterior, muita imaginação para dela se utilizar, sem oferecer qualquer vantagem ao contexto harmônico.

(287)

Lá menor

Agora, algumas observações sobre as **pedais** em geral:

1 – na **pedal do baixo**, os encadeamentos dos acordes devem ser corretamente observados, e, no caso da **pedal** ser nota estranha ao acorde, o encadeamento deve ser tratado independente da **pedal**, quer dizer, como se a **pedal** ali não estivesse.

2 – quando a **pedal** não faz parte do acorde, a nota que se encontrar imediatamente acima da **pedal**, passará a servir como **baixo**, uma vez que, esta nota (tendo sido excluída a **pedal**) passa a ser considerada a nota mais grave do conjunto, sendo então, a parte em que se encontra esta nota, aquela que será cifrada.

3 – com a **nota pedal**, esteja ela em qualquer voz, nenhuma outra voz deverá formar intervalo de semitom cromático ou semitom diatônico (2ª menor). Todavia, o intervalo da 8ª aumentada poderá ser usado com a **pedal**, pois produz bom efeito.

4 – a cifragem da **pedal do canto** e da **pedal intermediária** quando não são notas integrantes de todos os acordes do conjunto harmônico, é indicada da seguinte forma: coloca-se a cifra que corresponde à **nota pedal**, no 1º acorde em que ela aparece, desta cifra segue uma linha **de continuidade** que se estende até alcançar o último acorde onde ela se encontra.

5 – é comum a **pedal da tônica** converter-se em **pedal da dominante** e vice-versa. São usados para esta conversão os acordes de 7ª da dominante e o de 9ª da dominante.

6 – embora a **pedal** possa ser nota estranha ao acorde, não é aconselhável que isso se aplique ao primeiro e ao último acorde da **pedal**. Verifiquem que, em todos os exemplos dados vamos encontrar sempre a **pedal** como nota integrante do primeiro e do último acorde.

HARMONIA - DA CONCEPÇÃO BÁSICA À EXPRESSÃO CONTEMPORÂNEA 131

EXERCÍCIOS

1 — Baixo dado para a prática de **pedais** determinadas:

2 — Canto dado para a prática de **pedais** determinadas:

UNIDADE XI
AGREGAÇÕES DE SABOR CONTEMPORÂNEO

1 – ACORDES DE 9ª ARTIFICIAIS
2 – ACORDES DE 11ª
3 – ACORDES DE 13ª

Estes acordes, aos quais se lhes atribui uma aparência muito moderna, muito dos nossos dias, até mesmo, uma certa originalidade, quando analisados na sua verdadeira estrutura, vão mostrar-s como acordes dissonantes artificiais, baseados em artifícios assás conhecidos e empregados con tantemente em várias circunstâncias.

1 – ACORDES DE 9ª ARTIFICIAIS

Sendo os acordes de 9ª naturais apenas, os do V grau (9ª maior e 9ª menor da dominante, ou sej acordes de 7ª da dominante acrescidos de uma 3ª maior ou 3ª menor), é muito comum acrescenta também aos acordes de juntada mais uma 3ª, criando os **acordes de 9ª artificiais**.

Não há para esses acordes a obrigação de preparar e resolver, rigorosamente, suas dissonância Porém, se houver essa possibilidade os encontros das dissonâncias serão amenizados.

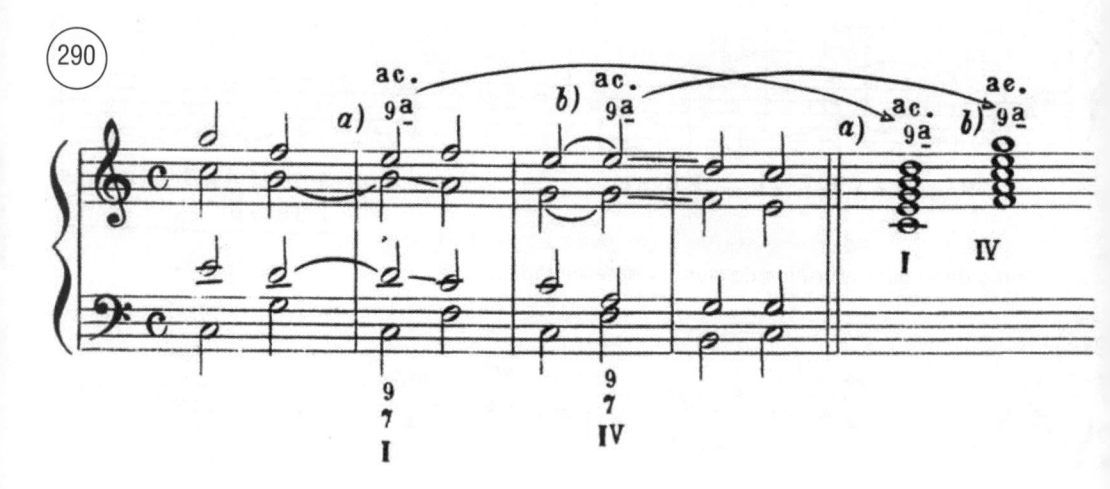

(290)

Encontramos no texto acima dois **acordes de 9ª artificiais**:

a) acorde de 9ª do I grau, com preparação da 7ª e da 9ª; tanto o intervalo de 7ª como o de 9ª foran devidamente guardados com a fundamental; ambos resolveram descendo por grau conjunto.

Observem porém, que as duas agregações que provocaram a 7ª e a 9ª são apenas **retardos** do acorde do VI grau na 1ª inversão (dó-mi-lá-dó). A (si) é **retardo** superior do lá, e a 9ª (ré) é o retardo superior da 8ª da fundamental; a **resolução**, entretanto, não se deu no próprio acorde do VI grau, e sim, no acorde do IV grau; o acorde de 9ª do I grau está incompleto, isto porque, a realização é a partes e a resolução da 9ª recai sobre a 8ª da fundamental, ocasionando um dobramento e, conse qüentemente, a supressão da 5ª.

b) acorde de 9ª do IV grau, também com preparação da 7ª e da 9ª, e ambos os intervalos devida mente guardados com a fundamental; tanto a 7ª, como a 9ª resolvem descendo por grau conjunto.

HARMONIA - DA CONCEPÇÃO BÁSICA À EXPRESSÃO CONTEMPORÂNEA

Também neste acorde, a 7ª e a 9ª são respectivamente, os **retardos** da 6ª pela 7ª e da 8ª pela 9a, o acorde do II grau na 1ª inversão; as notas **retardadas** (o ré e o fá) passaram a fazer parte do acorde do V grau; pelo mesmo motivo que se deu no exemplo anterior, o acorde de 9ª está incompleto, ou seja, sem a 5ª.

2 – ACORDES DE 11ª

São os acordes de 9ª (naturais ou artificiais) com agregação de uma 3ª criando os **acordes de 11ª**. Esses acordes são ainda **mais livres** que os **acordes de 9ª artificiais**, dispensando qualquer preparação e, freqüentemente, recaindo sobre resoluções excepcionais.

3 – ACORDES DE 13ª

São os acordes de 11ª acrescidos de uma 3ª que dão origem aos **acordes de 13ª**. Gozam também de absoluta liberdade quanto à preparação e resolução das dissonâncias.

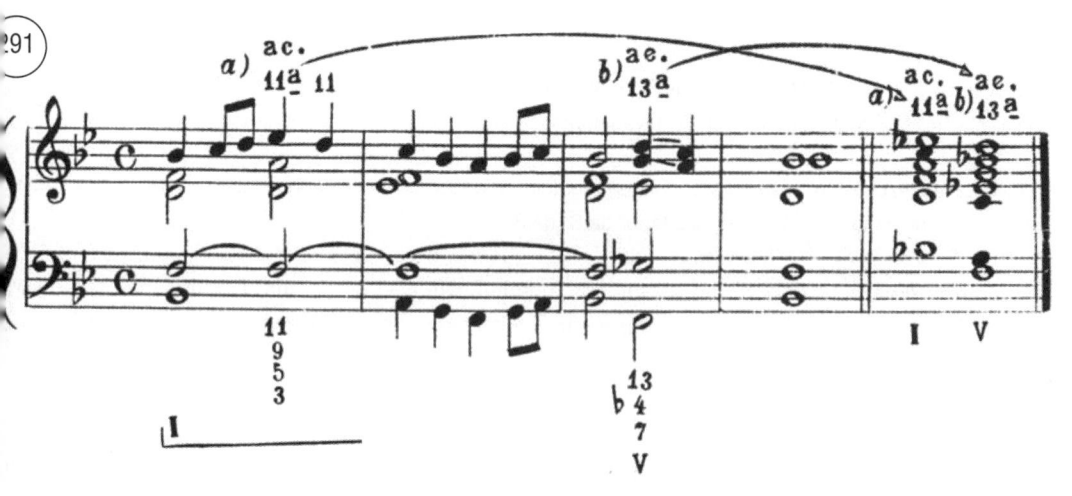

Vamos encontrar neste texto dois acordes com **agregações artificiais**: um **acorde** de 11ª e um **acorde de 13ª**.

a) trata-se de um **acorde de 11ª** do I grau de Si ♭ maior (si b-ré-fá-lá-dó-mi ♭). Como o **acorde de 11ª** é formado de 6 sons, exemplificamos com um texto a 5 partes. Como vemos, há supressão da 9ª (si b-ré-fá-lá-mi ♭). Não houve preparação da 7ª, nem da 11ª; a 7ª não resolveu descendo por grau conjunto, pois saltou uma 3ª descendente; a 11ª resolveu descendo por grau conjunto, para uma nota do próprio acorde que a(funciona como nota de passagem.

b) este é um **acorde de 13ª** do V grau (fá-lá-dó-mi b-sol ♭-si b-ré), com a **9ª abaixada** (sol ♭) e supressão da **3ª** (lá) e da **5ª** (dó). Não houve preparação de qualquer dissonância; a 11ª e a 13ª resolveram naturalmente sobre o próprio acorde do V grau, transformando o **acorde de 13ª** em acorde de menor da dominante; a 7ª e a 9ª resolveram naturalmente sobre o I grau. Mas, reparem que, também a 11ª e a 13ª podem ser consideradas como **apogiaturas superiores** da 3ª e da 5ª do acorde de dominante (com a 9ª abaixada) do tom de Si ♭ maior.

Eis a(um outro texto contendo três acordes com **agregações artificiais**: um **acorde de 9ª**, um **acorde de 11ª** e um **acorde de 13ª**.

292

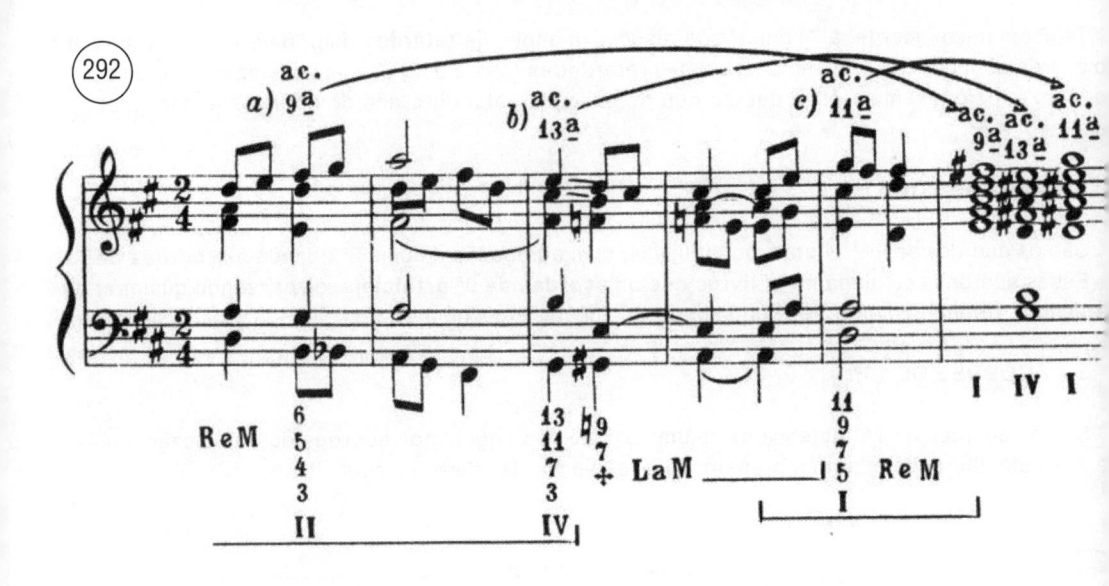

a) **acorde artificial de 9ª** do II grau de Ré maior (mi-sol-si-ré-fá#), na 3ª inversão; todas as dissonâncias sem preparação; a **7ª** foi prolongada e a **9ª** resolveu subindo para uma nota do próprio acorde.

Todavia, este acorde se enquadra perfeitamente dentro de teorias já estudadas: é um acorde de 7ª juntada do II grau, na 3ª inversão, com apogiatura inferior da 8ª da 3ª.

b) **acorde de 13ª** do IV grau, no estado fundamental com a **7ª** preparada, e com supressão da **5ª** da **9ª**; a **7ª** resolveu excepcionalmente sobre o fá ♮, a **11ª** e a **13ª** resolveram naturalmente; este acorde de **13ª** de Ré maior resolveu excepcionalmente sobre o acorde de 9ª da dominante (com a 9ª abaixada) do tom de Lá maior.

Veja que, este acorde também pode ser analisado como um acorde de **7ª juntada** do IV grau, com **dupla apogiatura ascendente da 8ª da 3ª e da 5ª**, cujas notas, no momento da resolução, passam a integrar o acorde de **9ª da dominante de Lá Maior** (com a 9ª abaixada), onde se deu a resolução excepcional do acorde de 7ª juntada.

c) **acorde de 11ª** do I grau sem preparação, e com supressão da **3ª**; a **7ª** (sensível) resolveu subindo para a tônica; a **9ª** resolveu descendo por grau conjunto.

Todavia, qualquer bom harmonista classificará imediatamente este acorde como um **acorde de 9ª da dominante sobretônica**, com **resolução natural da sensível e da 7ª** (**sendo esta antecipada**).

Também, ainda empregando simplesmente as **apogiaturas**, pode este acorde ser classificado como um **Perfeito Maior do I grau**, com a **tríplice apogiatura – superior da 3ª** (resolvendo por antecipação), **superior da 5ª e inferior da 8ª da fundamental**.

Assim, fica bem esclarecido que os "ultramodernos" **acordes de 9a artificiais, de 11ª e de 13ª**, ısiderados como integrantes de uma harmonia de sabor contemporâneo, **não são coisa nova**, e 1em ser analisados com base nos **retardos, apogiaturas**, e, às vezes, nas **notas de passagem**, isto são acordes estruturados nas **notas melódicas**, autenticamente ajustados aos princípios de uma ·monia tradicional, embora mais independente.

O que, realmente, dá à harmonia este "sabor contemporâneo", isto é, esta atmosfera que nos faz itir a ausência da harmonia clássica, ou mesmo escolar, e nos dá a sensação de maior liberdade, ior abertura, dando-nos a impressão de que nos emancipamos das tradições, é a freqüência do uso ;tes acordes chamados de 9ª artificial, 11ª e 13ª, no decorrer de um texto. Isto é, o uso em massa tais acordes, com resoluções extravagantes, muitas vezes, imprevisíveis e até, às vezes, um tanto oerentes.

Contudo, queremos deixar aqui registrado todo nosso apoio e empenho em abrir caminho para os ens, mostrando-lhes o valor e beleza desses acordes aqui citados, bem como, de muitas outras egações aparentemente estranhas e que, realmente, têm suas origens na harmonia acadêmica, no aqui acabamos de demonstrar. Mas que, tratados com maior desenvoltura, e, segundo a fanta- e capacidade inventiva de cada um, podem contribuir para a criação de obras de sólida estrutura, zendo na sua originalidade, a ausência do academicismo e a marca da verdadeira expressão con- ıporânea.

UNIDADE XII

HARMONIZAÇÃO DAS ESCALAS

1 – DIATÔNICA DO MODO MAIOR
2 – DIATÔNICA DO MODO MENOR
3 – CROMÁTICA TONAL

1 – ESCALA DIATÔNICA DO MODO MAIOR ESCALA NO CANTO

a) Harmonização **unitônica**, e empregando apenas acordes de 3 sons e acorde de 7ª da dominante.

b) Harmonização **modulante**, empregando resoluções excepcionais de acordes de 7ª da dominante, acordes de 7ª juntada alterados, retardos, apogiaturas e pedal.

HARMONIA - Da Concepção Básica À Expressão Contemporânea 137

ESCALA NO BAIXO

a) Harmonização **unitônica**, empregando acordes de 3 sons e notas de passagem.
b) Harmonização **modulante**, empregando resoluções excepcionais de acordes de 7ª da dominante etardos.

2 – ESCALA DIATÔNICA DO MODO MENOR

ESCALA NO CANTO

298

a) Harmonização **unitônica**, empregando acordes de 3, 4 e 5 sons.
b) Harmonização **modulante**, empregando acordes de 3 sons, de 7ª da dominante e notas de passagem

ESCALA NO BAIXO

299

a) Harmonização **unitônica** empregando acordes de 3 sons (inclusive de 5ª aumentada), de 4 sons naturais e de 7ª por prolongação.

300

HARMONIA - Da Concepção Básica À Expressão Contemporânea   139

b) Harmonização **modulante**, empregando acordes de 3 sons, e acordes de 4 sons com resolução natural e excepcional.

3 – HARMONIZAÇÃO DA ESCALA CROMÁTICA TONAL
A harmonização da **escala cromática tonal** é baseada nas **modulações**.

ESCALA CROMÁTICA NO CANTO

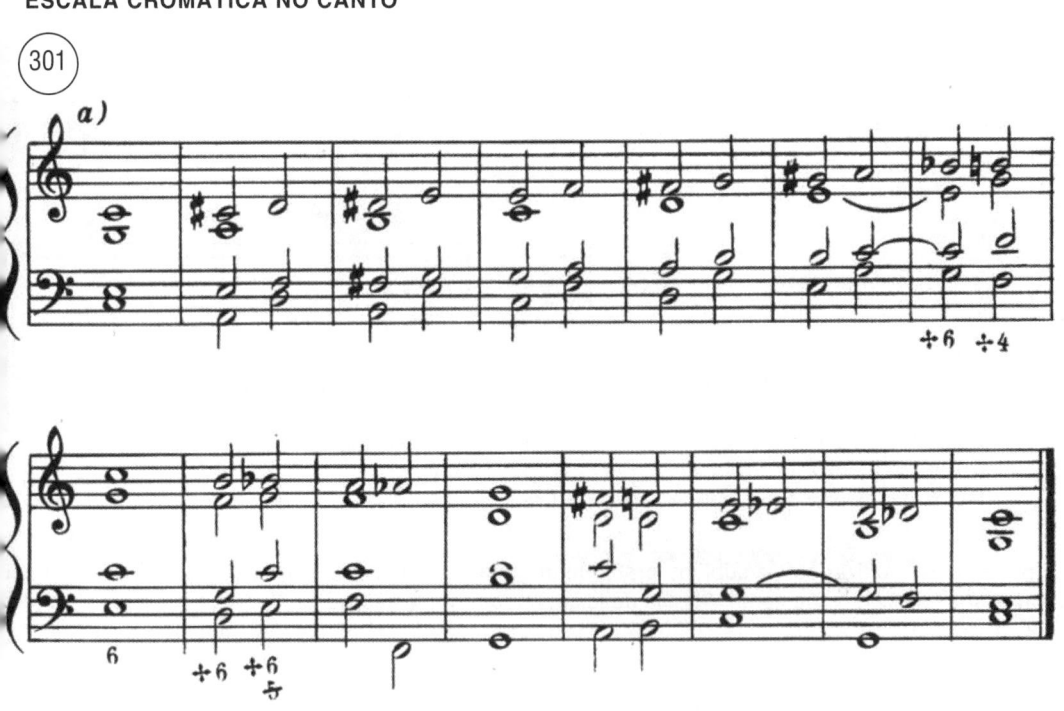

(301)

a) nesta harmonização foram empregados acordes de 3 sons (em encadeamentos V-I), acordes de 7ª da dominante com resolução excepcional e alterações descendentes (preparadas e com caráter de notas de passagem). Na subida da escala há uma progressão.

b) nesta harmonização, na subida, foram empregados acordes de 3 sons e de 7ª da dominante, em progressão (com encadeamento V-I). Na descida, encontramos acorde de 3 sons, em progressão (com o encadeamento I-V). Para dar terminação à escala no tom de Dó maior (tom com o qual se iniciou a escala), os dois últimos acordes são o IV de Dó menor (por empréstimo) e o I grau de Dó maior.

ESCALA CROMÁTICA NO BAIXO

HARMONIA - DA CONCEPÇÃO BÁSICA À EXPRESSÃO CONTEMPORÂNEA   141

Vamos relembrar aqui o que dissemos na Unidade 34 do 1º volume desta obra, isto é, que é possível o emprego da **harmonização cromática unitônica**, se fizermos uso exclusivo de acordes estruturados com **notas reais**.
Para isso, lançamos mão não somente de acordes dissonantes naturais, mas também de acordes dissonantes artificiais, tais como os acordes de 7ª juntada e os acordes alterados, **conservando sempre o mesmo tom**.

CROMATISMO NO CANTO

(304)

CROMATISMO NO BAIXO

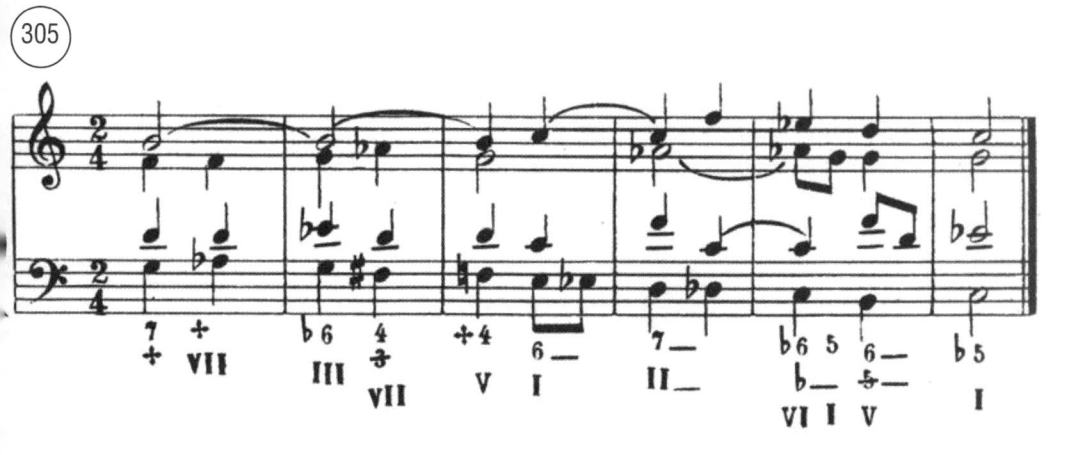

(305)

Temos aí a **harmonia cromática de senso unitônico**.

EXERCÍCIOS

1 – Harmonizar a **escala diatônica de Sol maior**, como canto dado:

a) usando **harmonia unitônica**, empregando acordes de 3 sons e o acorde de 7ª da dominante

b) usando **harmonia modulante**, podendo fazer uso de resoluções excepcionais do acorde de da dominante, empregando acordes de 7ª juntada com ou sem alterações, retardos e apogiaturas

2 – Harmonizar a **escala diatônica de Sol maior**, como baixo dado:

a) usando **harmonia unitônica**, empregando acordes de 3 sons e notas de passagem.

b) usando **harmonia modulante**, empregando resoluções excepcionais dos acordes de 4 sons e tardos.

3 – a) Harmonizar a **escala cromática de Sol maior**, figurando a escala como canto dado.

b) idem, figurando a escala como baixo dado.

4 – Harmonizar a **escala diatônica de Sol menor**, como canto dado:

a) usando **harmonia unitônica**, com acordes de 3, 4 e 5 sons.

b) usando **harmonia modulante**, empregando acordes de 3 e 4 sons e notas de passagem.

5 – Harmonizar a **escala diatônica de Sol menor**, como baixo dado:

a) usando **harmonia unitônica**, empregando acordes de 3 sons, de 4 sons naturais e de 7ª prolongação.

b) usando **harmonia modulante**, empregando acordes de 3 sons, e de 4 sons com resolução tural e excepcional.

HARMONIA - Da Concepção Básica à Expressão Contemporânea

UNIDADE XIII

HARMONIA ATONAL (SISTEMA SERIAL)

Chama-se HARMONIA ATONAL a harmonização que tem por base a **atonalidade**.

A **atonalidade** consiste num processo de associar os sons musicais de forma nova e arrojada, pondo-se às regras do **Sistema Tonal Universal** em uso no Ocidente desde os precursores, de J. Sebastian Bach até os primeiros anos do século XX.

Rejeita, a **atonalidade**, o sistema de 30 tons maiores e menores, e todos os acordes que lhe servem de apoio: perfeito maior, perfeito menor, 7ª da dominante, etc..., bem como as funções tonais que são características dos mesmos, vinculando-os entre si.

A **atonalidade**, como seu nome sugere, repele qualquer apelo à **tonalidade do modo maior e tonalidade do modo menor**, com suas escalas diatônicas e cromáticas, consonâncias e dissonâncias.

O **Sistema Atonal** está fundamentado numa série cromática de 12 sons semitonados, sem qualquer vínculo entre si e comportando qualquer grafia que represente sua altura exata dentro da Escala Geral. As notas podem ser dispostas livremente desde que em séries completas de 12 sons separados por semitons, começando e terminando em qualquer delas. Por esse motivo deixa de constituir uma **escala**, visto que este vocábulo vem sugerir uma proporção ou medida exata, e passa a chamar-se **"série"**, que fundamenta o "Sistema Serial", em que se baseia a **"Musica Serial "**.

Schönberg organizou a linguagem atonal no sistema da série de 12 sons, e designou-a "**Dodecafonismo**".

Exemplos de "**séries**":

O **cromatismo atonal** estabelece que cada um dos 12 sons de uma **série dodecafônica** pode con tituir um centro harmônico isolado, e gerar acordes de absoluta independência, bastando, para isso, s perpor simultaneamente quaisquer sons desta **série**.

Assim, segundo as leis da **atonalidade**, todas as notas do **cromatismo semitonal independent** ou seja, de uma **série dodecafônica**, podem sobrepor-se de acordo com o livre arbítrio do compos tor, manifestando-se pela produção de dissonâncias em cada som desta **série**.

Seguindo este sistema, são estes os acordes obtidos (conforme Diccionario de La Musica – e Labor, Tomo II – pag. 1993) :
55 acordes formados pela justaposição de 3 notas
165 acordes formados pela justaposição de 4 notas
330 acordes formados pela justaposição de 5 notas
462 acordes formados pela justaposição de 6 notas
462 acordes formados pela justaposição de 7 notas
330 acordes formados pela justaposição de 8 notas
165 acordes formados pela justaposição de 9 notas
55 acordes formados pela justaposição de 10 notas
11 acordes formados pela justaposição de 11 notas
1 acorde formado pela justaposição de 12 notas

Tais números foram um conjunto de 2.036 acordes, o que caracteriza a pobreza harmônica des sistema, já que o tradicional **sistema das tonalidades – maior e menor** produz, entre os acordes co sonantes e os dissonantes naturais e artificiais (incluindo todos os tipos de acordes alterados), u conjunto de mais de 16.000 acordes.

Não só o número de acordes, mas também o processo das modulações dão tal variedade e vers tilidade ao conjunto harmônico do **sistema tonal universal**, que o tornam, quer queiram ou não, u centro harmônico muito superior ao do **sistema atonal**.

Todavia, não se põe em dúvida a originalidade do **sistema atonal** com a imposição das suas di sonâncias tão características.

Mas, como toda liberdade, por mais ampla que seja também tem seus limites, há regras a observ na composição de uma música criada nas bases do **sistema atonal**.

A obra deve respeitar a escrita dos sons da "**série**" em que foi concebida. Na exposição do tema c obra, os 12 sons devem aparecer, porém, apenas uma vez cada um, permitindo-se, entretanto, que u ou outro som possa ser repetido, sucessivamente, alguma vezes, se isto vier dar mais ênfase à mel dia.

O **sistema atonal** encontrou em Arnold Schönberg, músico austríaco (1874-1951) o seu represe tante mais autêntico, e em 1909, através de sua obra 'TRÊS PEÇAS PARA PIANO", op. 11, lanço mundialmente a ausência da **tonalidade fixa**, dando expressão categoricamente decisiva à **atonal dade**.

Inteiramente voltado a este novo sistema musical, Schönberg, ousadamente, lançou (em 1912) out obra de vulto – "PIERROT LUNAIRE", coletânea de 21 peças, criada para um ciclo de poemas do poe simbolista belga Albert Giraud, que agitou o meio musical, provocando as mais variadas opiniões a re peito. Com esta obra, Schönberg firmou **escola** no sistema atonal **dodecafônico**, exercendo consid rável influência sobre vários compositores de sua época.

Entre seus seguidores figuram ALBAN BERG (Áustria), WEBERN (Áustria), HIN DEMITH (Alem nha), HONEGGER (Franco-suíço), MILHAUD (França), GERHARD (Hispano-suíço), e muitos outros

Exemplifiquemos, a seguir, uma **série dodecafônica** e melodia baseada nesta mesma **série**:

HARMONIA - DA CONCEPÇÃO BÁSICA À EXPRESSÃO CONTEMPORÂNEA   145

307

"Serie dodecafônica"

Vejamos a realização desta **melodia serial**, a 4 vozes, conservando em cada voz a estrutura da mesma série. Observem também que as 3 células (A-B-C) foram trabalhadas como **imitação rítmica**, em estilo contrapontado.

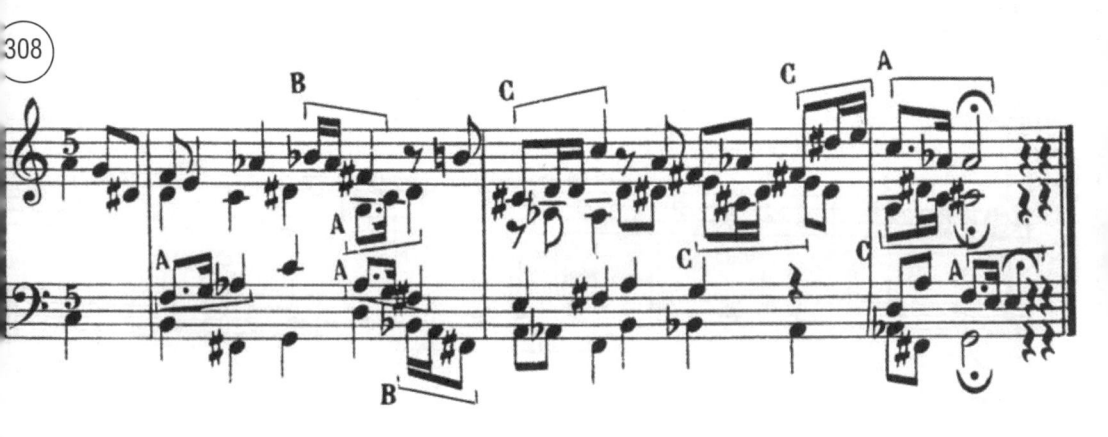

308

Há quem considere este sistema **dodecafônico** a maior revolução na música tradicional. A revolução realmente **aí está**, no que tange à estrutura melódico-harmônica. Contudo, a maior parte dos compositores que aderiram ao novo sistema não se desapegaram das formas da antiga polifonia vocal e da arte contrapontística, bem como, de outras formas escolares de estrutura acadêmica. Como exemplo citaremos de PAUL HINDEMITH, "**Ludus Tonalis**" – prelúdios e fugas para piano; de ALBAN BERG, **Canon**" a 4 partes; de GERHARD, "**Sonata**" – para viola e piano; de WEBERN, "**Passacaglia**" – para orquestra; de MILHAUD, "**Sonata**" para piano, "**Oratório**" para 6 vozes, enfim, grandes obras contemporâneas, estruturadas nos velhos moldes tradicionais.

Não consideramos, não obstante, o **sistema dodecafônico** como a última grande transformação no campo da composição e da criação musical. Aguardemos as próximas investidas nesse sentido, e aqui estaremos para aprová-las e aplaudí-las, caso venham, realmente, oferecer contribuição válida para uma reestruturação das construções musicais. Caso contrário, conservaremos, para nosso uso, o **sistema universal**, o sistema que recebemos daqueles cuja música perdura até hoje, com a mesma força de penetração — Bach, Haydn, Mozart, Beethoven e outros da mesma linhagem – que alcançaram para sua música a vida eterna.

EXERCÍCIOS
de

a) Canto dado:
b) Baixo dado:
c) Canto e baixo alternados

Canto dado

58)

59)

60)

61)

317

Canto dado

62)

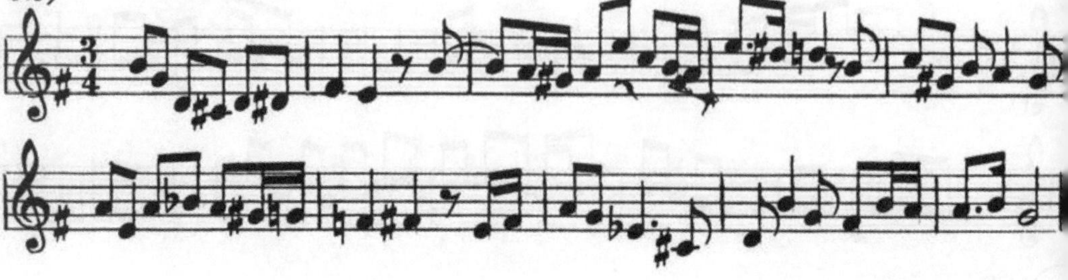

318

63)

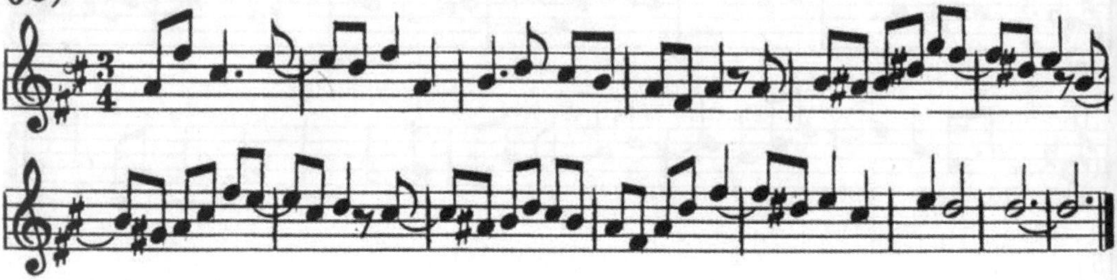

319

64)

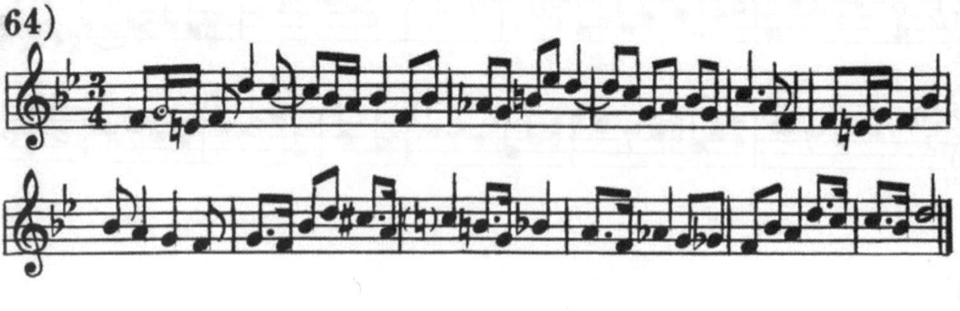

320

65)

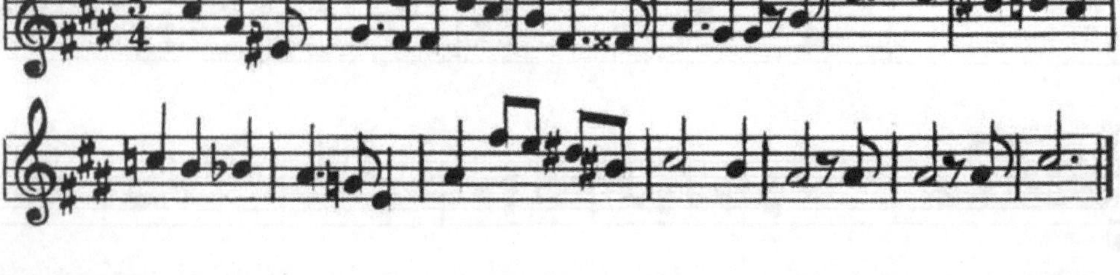

321 Canto dado

66)

67)

323

68)

324

69)

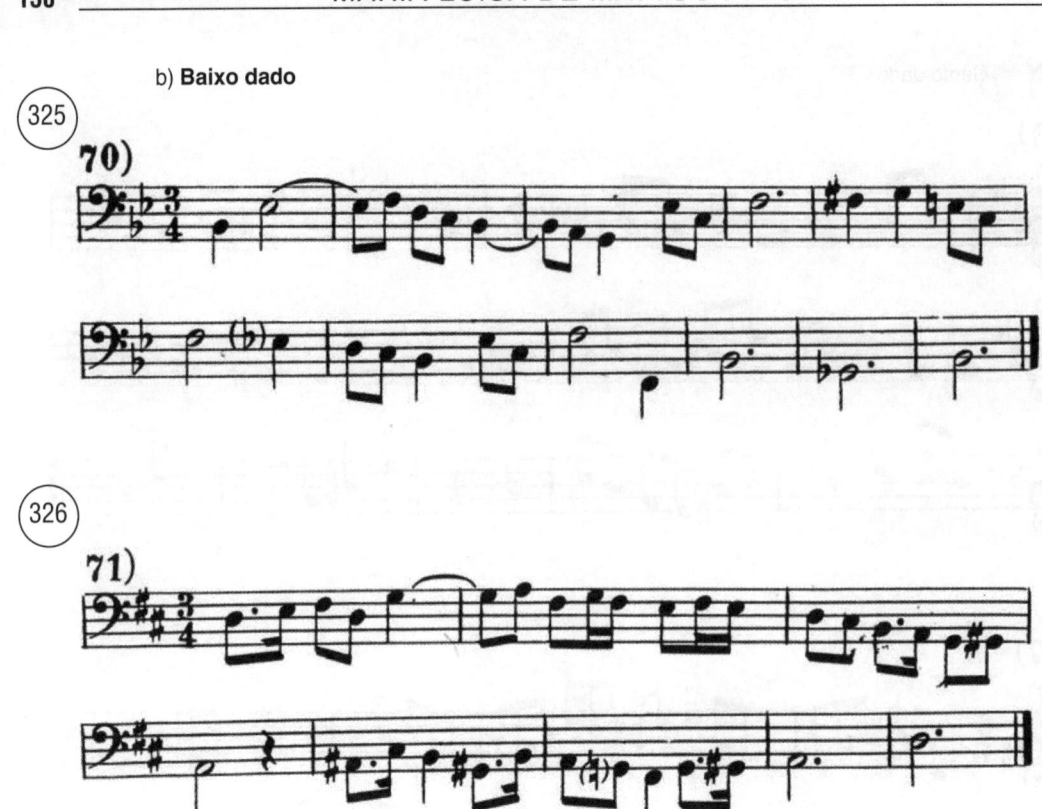

b) **Baixo dado**

b) **Baixo dado**

c) **Canto e baixo alternados**

332

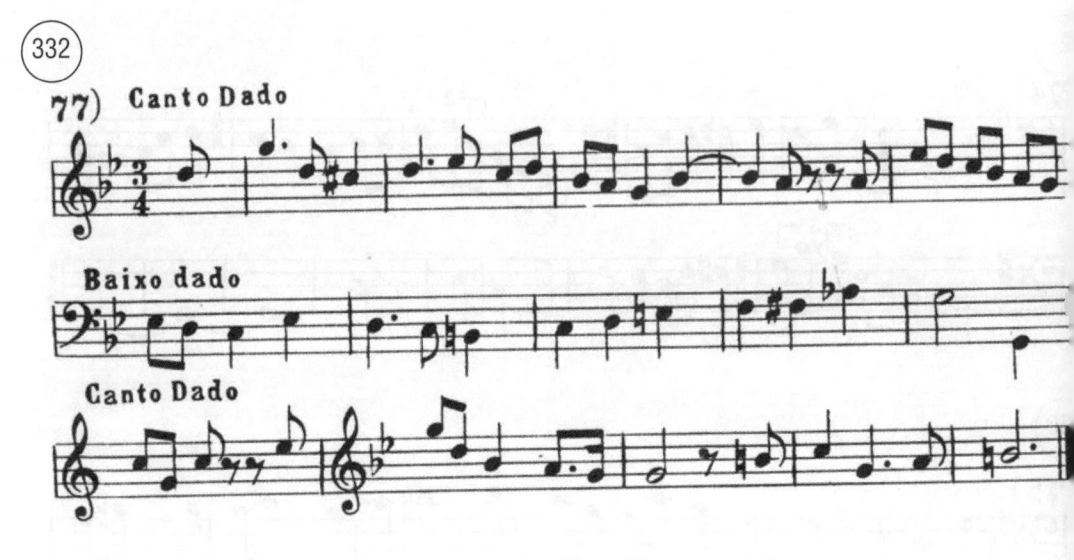

77) Canto Dado

Baixo dado

Canto Dado

333

78) Canto dado … Baixo dado

Canto dado

Baixo dado

334

79) Baixo dado … Canto dado

RéM   MimM   SiM   RéM   Fa#m   Mi m

Baixo dado

LaM   ReM

HARMONIA - Da Concepção Básica à Expressão Contemporânea

b) Canto e baixo alternados

(35)

80) Canto dado

UNIGRÁFICAS
www.unigraficas.com.br